Tanya Lloyd Kyi

Tödliche Party

Hase und Igel®

Für Lehrkräfte gibt es zu diesem Buch
ausführliches Begleitmaterial beim Hase und Igel Verlag.

Die Originalausgabe erschien unter dem Titel „Truth“
bei Orca Book Publishers.

www.hase-und-igel.de
Die Schreibweise folgt den Regeln der neuen Rechtschreibung.
Übersetzung: Anne Düll
Lektorat: Nadine Widl
Umschlaggestaltung: Appel Grafik München GmbH
Druck: CPI – Ebner & Spiegel, Ulm

ISBN 978-3-86760-098-9
2. Auflage 2010

1. Kapitel

Nachts um drei klingelt die Polizei bei uns. Oben von der Treppe aus beobachte ich meinen Dad, wie er durch das Haus stolpert und sich dabei seinen karierten Bademantel zubindet. Er knipst das Licht im Windfang an, guckt durchs Fenster und schreckt überrascht zurück. Er beeilt sich so, die Tür zu öffnen, dass er sich den Zeh an dem hölzernen Igel im Flur stößt. Er balanciert auf einem Fuß wie ein riesiger karierter Flamingo, als er dem Polizisten öffnet.

Der Beamte schaut ernst. „Dr. Forester?“, fragt er. „Ich bin Officer Wells. Ich würde gerne kurz mit Ihrer Tochter sprechen.“

„Mit Jen?“

„Im Haus der Familie Klassen hat sich ein Unfall ereignet. Ich hoffe, sie kann mir ein paar Fragen beantworten. Würden Sie sie bitte wecken? Es ist wichtig.“

Ich bin hellwach. Als ich um eins nach Hause gekommen bin, habe ich mich sofort ins Bett gelegt. Aber die letzten zwei Stunden habe ich nur an die Decke gestarrt und mich gefragt, ob es wohl an der Tür klingeln wird.

„Was denn für einen Unfall?", fragt Dad. „Und Jen hatte etwas damit zu tun? Sind Sie sicher?"

Als er endlich antworten darf, klingt der Beamte ruhig, aber bestimmt. „Ihre Tochter hatte nicht unbedingt etwas damit zu tun, Sir. Wir befragen jeden, der sich heute Abend im Haus der Klassens aufgehalten hat."

Ich will nicht hören, wie er den Unfall beschreibt. Noch bevor Dad mich ruft, gehe ich die Treppe hinunter. Einen Moment lang denke ich, ich muss mich übergeben. Doch dann hole ich tief Luft und gebe mir Mühe, verschlafen und verwirrt auszusehen.

Dad führt uns ins Esszimmer. Dann geht er in die Küche, um Kaffee aufzusetzen. Trotz des Geschirrgeklappers weiß ich, dass er zuhört.

Officer Wells lehnt sich zu mir herüber. Ich habe das Gefühl, als wäre ich in den Fernseher hineingesogen worden und befände mich in einer Folge von *Law and Order*. Fast muss ich lachen. Dann wird mir wieder schlecht. Ich versuche, mich zu beruhigen. Atmen. Das ist beileibe nicht so einfach, wie es im Fernsehen immer aussieht.

Diese goldenen Streifen auf seiner Uniform, der Schlagstock an seinem Gürtel und sein Atem, der nach Kaffee riecht – all das ist schon ziemlich einschüchternd.

„Miss Forester, wir haben es hier mit einem sehr ernsten Fall zu tun. Ich bin sicher, ich muss Ihnen nicht erzählen, wie wichtig es ist, dass Sie die Wahrheit sagen."

„Natürlich." Ich versuche, an etwas anderes zu denken und ruhig weiterzuatmen. Dank meiner blonden Haare bin ich die Unschuld selbst. Mit großen Augen blicke ich Officer Wells direkt ins Gesicht. Bei meinem Mathelehrer wirkt diese Masche immer.

„Sie waren heute Abend bei der Party von Ian Klassen?"

Ich nicke.

„Können Sie mir mehr darüber erzählen?"

„Ich bin mit Georgia Findley dort gewesen. Eine Freundin hat uns bei Ian abgesetzt. Sie musste vor elf zu Hause sein, deswegen ist sie nicht mitgekommen. Die Party war nicht so toll. Wir saßen eigentlich nur in der Küche herum und haben geredet. Jerome hat mich nach Hause gefahren."

„Wann war das?", fragt er.

„Ungefähr Viertel vor eins. Sperrstunde", sage ich mit einem vielsagenden Nicken in Richtung

Küche. Man hört meinen Dad immer noch herumräumen.

„Und Jerome ist …?“

„Jerome Baxter. Mein Freund.“

Er schreibt sich alles auf, dann fragt er mich, ob ich einen Ted Granville kenne.

„Nicht, dass ich wüsste. Warum?“

„Er ist groß, hat rote Haare, etwa vierzig Jahre. Haben Sie heute so jemanden auf der Party gesehen?“

„Nein. Was ist denn passiert?“

„Er wurde brutal zusammengeschlagen – und wird vielleicht nicht überleben.“

Das überrascht mich nicht, aber ich versuche, so geschockt wie möglich auszusehen. Das fällt mir auch nicht schwer. „Es waren nur junge Leute da, wenn ich mich recht erinnere. Ich war fast den ganzen Abend in der Küche, nicht draußen beim Eingang. Ich habe niemanden hereinkommen sehen, auf den die Beschreibung passt.“

Es stimmt, was ich Officer Wells erzähle, der sich zu mir herüberlehnt, als wären wir seit ewigen Zeiten gute Freunde. Es stimmt – aber es ist nicht die ganze Wahrheit. Ich bin mit allen anderen nach oben gelaufen, nachdem Candi Bherner schreiend die Treppe heruntergekommen war. Wir erwarteten nichts Besonderes. Candi ist jünger als ich und ich kenne sie nicht besonders gut, aber sie ist total hysterisch. Wahrscheinlich hatte sie nur eine Maus gesehen.

Aber es war keine Maus. Es war ein rothaariger Mann, der im Schlafzimmer von Ians Eltern auf dem Boden lag, einen Arm nach oben gestreckt, als ob er gerade aus dem Bett gefallen wäre. Der Arm war total verdreht und der Hinterkopf des Mannes war voller Blut.

Ganz normal weiteratmen, sage ich mir, während ich mit den Fingern auf dem Esstisch herumtrommle. Nur nicht daran denken. Wenn du daran denkst, wird Officer Wells es merken. Er weiß rein gar nichts. Dich sucht er sowieso nicht. Ich höre auf, mit meinen Fingern auf den Tisch zu trommeln.

Es stimmt, dass Officer Wells nichts weiß. Er wirkt ein bisschen ratlos und ist ein wenig in sich zusammengesackt. Sein Blick wandert durch das Esszimmer und hinüber zum Wohnzimmer.

Beide Zimmer sind furchtbar hässlich. So hässlich, dass ich sogar einmal bei einem Preisausschreiben für eine Hausverschönerung mitgemacht habe, das in einer Zeitschrift von Georgias Mum ausgeschrieben war. Hatte aber kein Glück. Das Haus ist immer noch grauenvoll. Ich kann mir genau vorstellen, wie meine Eltern es zusammen eingerichtet haben, als sie hierher gezogen sind. Ich sehe es vor mir, wie sie den rostfarbenen Zottelteppich, die Holzverkleidung und das braune Cordsofa ausgesucht haben. Sie müssen das alles für topmodern gehalten haben. Das war in den Siebzigern. In den Achtzigern wurde ich geboren; in den Neunzigern verließ uns meine Mutter. Die Holzverkleidung und der Cord sind immer noch da.

Das ist alles zu viel für Officer Wells. Gerade als mein Dad endlich den Kaffee fertig hat, steht er auf, gibt uns beiden die Hand und bricht auf. „Ich melde mich, falls ich Sie noch einmal brauche."

Die Ankündigung von Ians Party war die aufregendste Neuigkeit an unserer Schule, seit unser Informatiklehrer einmal wegen Körperverletzung verurteilt worden war. Er hatte seine Exfrau in einer der beiden Bars hier am Ort gegen einen Tisch gestoßen. Aber das war schon Monate her.

Die boomende Metropole Fairfield (Einwohner: 5000; Dinge, die man hier tun kann: null) liegt in einem Tal. Vom nächsten Einkaufszentrum sind wir eine Stunde entfernt, vom nächsten Kino zwei Stunden. Und Lichtjahre von allem, was sonst noch interessant sein könnte. Gähnhausen, British Columbia.

Mein Vater ist in Vancouver aufgewachsen. Er sagt, Mum und er sind hierher gezogen, weil sie ihre Kinder – also letztendlich mich – an einem friedlicheren Ort aufwachsen sehen wollten. Nun ja, friedlich ist es hier. So friedlich sogar, dass die ganze Bevölkerung im Schlaf das Zeitliche segnen könnte und die Außenwelt es nie merken würde.

Im Sommer feiern wir gerne Buschpartys. Das heißt, ein paar Typen laden einige Holzscheite auf einen Pick-up, fahren hinaus zu den alten Kiesgruben oder an den Fluss und machen ein Lagerfeuer. Dann erzählen es ein paar Leute weiter – meist auf dem Supermarktparkplatz. Wir verstauen eine Flasche Wodka in der Seitentür von Georgias uraltem Honda, bei der sich ein Teil der Plastikverkleidung einfach herausziehen lässt, und machen uns auf die Suche nach der Party. Das ist im Sommer.

Im Winter leihen wir uns Filme aus (gähn), hängen im *Willie's Chicken* herum, bis der Laden um elf zumacht (schnarch) und versuchen, irgendwie dem Langeweiletod zu entgehen. Als Ian also erzählte, dass seine Eltern die ersten zwei Novemberwochen nach Mexiko fahren würden, belagerten wir ihn wie ein Rudel ausgehungerter Hyänen. Ross Reed erzählte eine Woche lang jedem von der Party, bis Ian der Idee endlich zustimmte. Ian ist einer von diesen echt netten Typen, die gerne mal ein bisschen herumgeschubst werden. Dem Armen blieb gar nichts anderes übrig.

Ross organisiert die meisten Partys in Fairfield. Er kennt jeden. Wo er ist, ist die Party. Ich glaube, sein Leben besteht nur aus Gewichtheben und Bier. Vielleicht sind es die Gene – alle sagen, dass Ross' Mum eine Überdosis Tabletten geschluckt hat, nachdem sein Vater abgehauen war. Jetzt wohnt Ross bei seiner Oma.

Es heißt, dass Ross und ein paar von seinen Freunden Anabolika schlucken. Wahrscheinlich stimmt das; sie verbringen ganze Tage im Fitnessstudio. Nate spielt Eishockey in der Juniorenmannschaft und will es später in die NHL schaffen. Ross ist in keiner Schulmannschaft – ich glaube, er ist einfach nur gerne muskulös. Er spreizt beim Gehen die Arme ab wie ein Bodybuilder, der sie normal halten möchte, dem aber seine Muskeln im Weg sind.

Letzten Sommer auf einer Buschparty fing Ross einen Streit mit einem Cousin von irgendjemandem aus unserem Ort an, der aus Okanagan zu Besuch war. Nachdem man ihn lange genug provoziert hatte, schlug der Typ ziemlich heftig zu und der Kopf von Ross wurde nach hinten geschleudert. Ross fing sich wieder und stürzte sich auf ihn. Da verlor der Typ aus Okanagan die Balance und stolperte ins Feuer. Einer zog ihn aus den Flammen und ein anderer fuhr ihn dann ins Krankenhaus. Seine Eltern haben wohl die Polizei gerufen und Ross wurde befragt, aber nichts passierte. Das ist Ross – er kommt immer davon.

Am Nachmittag nach diesem Vorfall hingen ein paar von uns bei Georgia herum. Wir waren zu faul, um uns zu irgendetwas aufzuraffen. Jerome war da (da hatte das mit uns gerade angefangen), und Nate und Ross. Georgia gab Ross einen nassen Teebeutel, den er auf sein blaues und geschwollenes Auge legen sollte. Ross nahm sich einen schwarzen Schal, der an Georgias Zimmertür hing, und wickelte sich ihn um den Kopf, damit der Teebeutel hielt. Als Georgias Mum vom Golfen zurückkam, nahm er den Schal nicht etwa herunter und zeigte sein blaues Auge, sondern redete den ganzen restlichen Nachmittag wie ein Pirat, beantwortete alle Fragen mit „Ey, ey, Sir!“ und nannte Jerome seinen Papagei. Es war also wie immer echt schwer, Ross ernsthaft böse zu sein – obwohl der arme Typ aus Okanagan, der Verbrennungen dritten Grades am Bein hatte, uns schon leidtat.

All das geistert mir durch den Kopf, während ich noch im Esszimmer sitze, nachdem Officer Wells gegangen ist.

Mein Vater setzt sich mir gegenüber an den Tisch. „Also?“, fragt er.

Es fällt mir schwer, meinen Dad anzulügen. Er hebt seine buschigen Augenbrauen und sieht mich genauso an, wie er bestimmt auch die Patienten in seiner Praxis ansieht – mit einer ziemlich weise wirkenden Mischung aus Mitgefühl und Autorität.

„So ein älterer Typ wurde heute Nacht übel zusammengeschlagen. Ich habe ihn nicht gekannt und ich habe nicht gesehen, wer ihn zusammengeschlagen hat. Als Georgia und ich davon gehört haben, sind wir gegangen."

„Ted Granville ist der Leiter der Volksbank", sagt er, was beweist, dass er die ganze Unterhaltung mit angehört hat.

„Komisch", sage ich. „Ich habe keine Ahnung, was er auf der Party wollte."

Mein Dad nickt langsam. „Bleib morgen zu Hause. Ich will nicht, dass du dich morgen in der Stadt rumtreibst", sagt er. „Und jetzt geh schlafen."

Als ob ich jetzt schlafen könnte.

2. Kapitel

Ted Granville ist gestorben. Als ich am Montagmorgen in die Schule komme, redet gleich die erste Gruppe Schüler, die ich sehe, über den Mord. Und die zweite. Und die dritte. Als ich bei meinem Spind ankomme, habe ich schon folgende Theorien gehört: (a) Alle auf der Party waren auf LSD, sind ausgeflippt und haben Ted Granville umgebracht; (b) Ted Granville ist mit einer Waffe in Ians Haus aufgetaucht, wollte die Party sprengen und drei Typen haben ihn in Notwehr niedergeschlagen; (c) Ted Granville ist ausgetickt, hat sich vom Balkon im ersten Stock gestürzt und sich beim Aufschlag das Genick gebrochen. Soweit ich mich erinnere, hat Ians Haus gar keinen Balkon.

Meine einzige zuverlässige Quelle ist Georgia. Ihre Mutter kennt Mrs Granville. Sie war das ganze Wochenende drüben bei ihnen, um mit auf die zwei kleinen Kinder aufzupassen.

„Was hast du gehört?“, fragt Georgia, als sie mich sieht.

„Ich habe schon tausend Gerüchte gehört“, erzähle ich. „Aber anscheinend weiß keiner, was wirklich passiert ist.“

Wie immer sieht Georgia aus wie ein Filmstar, der nur aus Versehen in einer Highschool gelandet ist. Perfekt frisierte rote Haare, ein Bauchnabelpiercing, das über der Hüftjeans hervorlugt, und nur eine leichte Rötung um die Augen. Offensichtlich hat sie geweint – wenn ich weine, sieht mein Gesicht aus, als wäre ein Traktor darübergefahren. Das Leben ist einfach ungerecht.

Sie schnieft kaum merklich. „Meine Mum sagt, er ist auf dem Weg ins Krankenhaus gestorben. Schwere Kopfverletzungen."

„Hast du das ganze Blut auf dem Boden gesehen?", frage ich.

Sie nickt und verzieht das Gesicht. „Ich sehe es noch vor mir, wenn ich die Augen zumache."

„Was wollte er überhaupt auf der Party?", will ich wissen.

„Mum sagt, er war ein Freund der Familie. Ians Eltern hatten ihn gebeten, das Haus im Auge zu behalten."

Dann gongt es und es bleibt keine Zeit für weitere Details.

In der Klasse sagt man uns, dass unser Direktor Mr Seorgel – alias Mr Schnarchel – eine Schulversammlung einberufen hat. Keine große Überraschung. Ich bin echt froh, dass ich nicht für die Schulnachrichten über diese Versammlungen berichten muss. Sie sind meistens todlangweilig.

Seit ein paar Jahren dürfen wir Schüler eine einstündige Nachrichten- und Sportsendung fürs Fernsehen produzieren. Sie wird einmal in der Woche im Lokalsender ausgestrahlt und die gesamte Schülerschaft scheint sie tatsächlich zu gucken – vielleicht wegen des Klatschfaktors.

Das ganze letzte Jahr habe ich für die Sendung gearbeitet. Dieses Jahr bin ich Chefreporterin. Meine heißesten Themen bis jetzt waren: „Nehmen Ladendiebstähle zu?“, „Gelegenheitsjobs – die guten, die schlechten und das liebe Geld“ und „Ganz privat: Ein Tag im Leben eines Fairfielder Basketballstars“.

Die Nachforschungen für diesen letzten Bericht waren ziemlich spaßig. Aber Mrs Chan, die Betreuungslehrerin, sagt, ich muss anfangen, mir richtige Storys zu suchen. „Bring die Wahrheit ans Licht“, hat sie vor ein paar Wochen gesagt. Zu dem Zeitpunkt fand ich die Vorstellung noch ziemlich amüsant, dass sich hier bei uns in Fairfield jemals irgendetwas Berichtenswertes ereignen könnte.

Ich kämpfe mich durch die Massen zur Versammlung und sehe Jerome auf mich zukommen. Er ist groß – über 1,80 m – und seine Haare sind hellblond. Er ist kaum zu übersehen – und auch ganz nett anzusehen. Als er mich letztes Frühjahr zum ersten Mal fragte, ob ich mich mal mit ihm treffen möchte, war ich so aufgeregt, dass ich eine Woche lang ein Dauergrinsen im Gesicht hatte.

„Waren die Bullen bei dir?", fragt er, als er vor mir steht.

„Um drei Uhr früh", sage ich. „Ich wollte dich gestern unbedingt noch anrufen, aber Dad hat beschlossen, dass es ein Vater-Tochter-Tag werden soll: der ganze lange, langweilige Tag. Haben sie auch mit dir gesprochen?"

„Ja. Mum ist total ausgerastet. Was hast du ihnen erzählt?"

„Eigentlich gar nichts. Und du?"

„Auch nichts. Sie waren ja auch nicht gerade die Schlausten. Die Bullen hier sind entweder total fies oder selten dämlich", stellt er fest.

„Meinst du?"

„Weißt du noch, letztes Jahr, als Ross betrunken Auto gefahren ist und sie ihn rausziehen wollten? Er ist einfach aus dem Auto gesprungen und hat sich aus dem Staub gemacht. Dann hat er von einer Telefonzelle aus seine Großmutter angerufen und ihr erzählt, jemand hätte gerade das Auto gestohlen. Sie hat ihm geglaubt – und die Bullen auch. Oder zumindest konnten sie ihm nichts beweisen."

Inzwischen sind wir in der Sporthalle angekommen. Schnarchel steht am Mikro. Als endlich alle ruhig sind, labert er was von „unvorstellbare Tragödie ... Mitgefühl gilt den Angehörigen ... polizeiliche Untersuchung ... volle Kooperation ... blabla."

Nach einer Weile beugt sich Jerome zu mir herüber. „Hör zu, Ross macht sich Sorgen, dass die Bullen ihm was anhängen wollen wegen der Schlägerei letzten Sommer. Du sagst am besten gar nichts, okay?"

„Klar." Ross war auf der Party, als ich reinkam, da bin ich mir ganz sicher. Aber ich kann mich nicht erinnern, dass ich ihn noch mal gesehen habe, nachdem wir Granville entdeckt hatten. Ich stand wahrscheinlich unter Schock.

Ich versuche, mich daran zu erinnern, wer noch mit mir im Schlafzimmer war. Candi hatte den ganzen Weg nach unten geschrien. Georgia lief mit mir zusammen hoch. Ian war da; er sah aus wie ein Geist. Seinen Eltern so eine Sache erklären zu müssen ist vermutlich noch ein bisschen schlimmer als ihnen nur eine heimliche Party zu beichten.

Wer war sonst noch da? Jerome. Ich weiß, da waren noch mehr, aber die sehe ich nur verschwommen. Nate war derjenige, der die Situation dann in die Hand nahm. Er kam herein und innerhalb von Sekunden fing die Welt sich wieder zu drehen an. Er schickte Ian zum Telefon, um die 110 zu wählen, und befahl uns anderen abzuhauen. Das machten wir auch. Schnell.

„Hör zu, sag auch Georgia, dass sie nichts erzählen soll, okay?“, sagt Jerome.

Ich nicke abwesend. Officer Wells steht jetzt am Mikro. Er ist viel größer als Schnarchel und hat Schwierigkeiten, das Mikro richtig einzustellen. Er versucht, sich hinunterzubücken und gleichzeitig zur Tribüne hinaufzuschauen.

Er erklärt uns, wie wichtig jede noch so kleine Information in den kommenden Tagen sein wird. Dass alle Hinweise vertraulich behandelt werden, und so weiter und so fort.

Es klingt verdächtig nach Dads traditioneller Wochenendansprache: „Wenn du nicht weißt, wie du nach Hause kommst, ruf einfach an. Ich werde keine Fragen stellen." Das glaubt doch kein Mensch! Nicht einmal meinem Dad, der sonst relativ entspannt ist, nimmt man das ab.

Nach der Versammlung holt mich Georgia im Flur ein. „Hör mal", sagt sie, „ich habe mit Nate gesprochen. Er hat gesagt, wir sollen kein großes Ding aus der Sache machen. Du weißt schon, nicht ständig in der Schule darüber reden und so."

Ich zucke mit den Schultern. „Sicher. Jerome sagt dasselbe."

Den Rest des Vormittags kann man abhaken. Bis zum Mittagessen döse ich so vor mich hin. Dann fällt mir ein, dass ich ein Treffen mit dem Nachrichtenteam habe.

Auf einer Skala von 1 bis 10, auf der 10 extrem cool und 1,5 durchschnittslehrercool ist, kriegt Ms Chan mindestens eine 8. Sie betreut unsere Fernsehsendung *Fair Game.* Die Sendung läuft jeden Freitag nach der Schule. Sie ist wie eine Nachrichtensendung aufgebaut: mit einem Moderator, der dann zu verschiedenen Reportern vor Ort schaltet. Normalerweise gibt es immer ein Hauptthema und mehrere kürzere Berichte.

Bevor sie Lehrerin geworden ist, war Ms Chan Reporterin in Ontario. Ich sehe sie richtig vor mir mit dem Diktiergerät in der einen und dem Mikro in der anderen Hand, wie sie auf der Jagd nach O-Tönen einem Anwalt die Treppe vor dem Gerichtsgebäude hinterherhetzt. Sie sieht auch wirklich wie aus dem Fernsehen aus. Ihre schwarzen Haare trägt sie als Bob, sie hat immer schicke Klamotten an und klappert auf ihren hohen Absätzen durch unsere Filmwerkstatt.

Die Filmwerkstatt ist eigentlich nur ein kleiner Büroraum hinter Ms Chans Klassenzimmer. Es gibt ein paar Sessel, ein paar Tische und zwei Computerarbeitsplätze, an denen wir unser Filmmaterial bearbeiten.

Montags teilen wir die Aufgaben untereinander auf. Diese Woche gibt es wie immer die Sportnachrichten, ein Porträt von unserem neuen Kunstlehrer und einen Beitrag darüber, ob es zwischen Männer- und Frauenrasierern eigentlich Unterschiede gibt. Der größte Beitrag ist diesmal ein Sonderbericht über den Mordfall. Und dafür bin ich zuständig.

Nach dem Treffen bleibe ich noch einen Moment sitzen, um meine Gedanken zu ordnen.

Was würde mich als Zuschauer am meisten an dem Fall interessieren? Ich würde wissen wollen, ob Officer Wells noch einmal bei mir zu Hause auftaucht. Vielleicht auch noch mehr darüber, wie so eine Morduntersuchung abläuft. Und vor allem: Wer war der Mörder?

Diese Frage lässt mich innehalten. Es ist fast so, als hätte ich mich seit Samstagnacht geweigert, darüber nachzudenken. Jetzt leuchtet mich aus meinem Notizbuch ein riesiges Fragezeichen an. Wer hat Ted Granville umgebracht? Ich war dort, ich sollte es herausfinden können. Mehr noch: Ich müsste es eigentlich schon wissen!

Manche Leute sind immer die Letzten, die etwas erfahren, aber ich bin normalerweise immer die Erste. Das kommt vom vielen Telefonieren und meinem überentwickelten Gespür für Klatsch und Tratsch, vermute ich. Ich liebe Geheimnisse. Als Georgias Mum letztes Jahr schwanger war – ziemlich krass, mit 45 noch einmal schwanger zu werden, oder? – war ich drei Monate lang außer Georgia die Einzige, die davon wusste. Und als dieses Mädchen aus der Zehnten weggezogen ist – wer fand als Erste heraus, dass alle ihre Nachbarn glaubten, dass ihr Vater im Ku-Klux-Klan sei? Ich.

Auch wenn es sich dann als Lüge herausstellte. Das gehört alles dazu, wenn man ein guter Journalist ist. Ich muss Gerüchte aufspüren und Tatsachen prüfen.

Also warum weiß ich jetzt nicht, wer der Mörder ist?

Als ich mit dem Grübeln fertig bin, sind alle weg außer Scott Rich, unserem besten Kameramann. Ms Chan hat ihn beauftragt, ein paar Aufnahmen vom Tatort zu machen.

Scott ist ziemlich ungewöhnlich für unsere Schule – er ist nämlich wirklich interessant. Er ist zwar erst in der Elften, aber er wirkt wie ein alter Philosoph, der in einer Berghöhle lebt. Er hat schulterlange lockige Haare, die er fast immer zu einem Pferdeschwanz zusammenbindet, und man sieht ihn nie ohne Videokamera. Er sagt, er sei ein Beobachter der Menschheit. Ich könnte schwören, dass er mit seinen sechzehn Jahren schon eine höhere Bewusstseinsebene erreicht hat.

Neulich in der Pause hingen wir auf dem Schulhof herum und Georgia und Nate haben sich darüber gestritten, was „mellow“ bedeutet – im Zusammenhang mit Musik.

„Melancholisch“, war Georgias Meinung.

„Du meinst dämliches Mein-Freund-hat-mich-verlassen-Gedudel", sagte Nate. „Das trifft es überhaupt nicht. Es hat mehr Tempo."

Dann sahen sie Scott durch die Pausenhalle laufen und holten ihn dazu. Er neigte den Kopf kurz zur Seite. „Passiv", sagte er nur und ging weiter. Und alle saßen da und nickten.

Jedenfalls ist es immer interessant, mit Scott an einer Story zu arbeiten. Einerseits macht er mich ein bisschen nervös. Seine Sicht der Dinge ist einfach nicht von dieser Welt. Und vielleicht kann ich da nicht immer ganz mithalten. Andererseits entdecke ich durch ihn so vieles, was ich sonst gar nicht sehen würde.

Wir machen aus, dass wir nach der Schule zusammen zu Ians Haus hinübergehen. Zum Tatort. Scott kann ein paar Aufnahmen machen und ich werde alle Ermittler ausquetschen, die ich dort so finde.

Ich habe Glück, denn der erste Polizist, den ich sehe, ist Dave McBride. Er spielt im Sommer immer Tennis mit meinem Dad. Er ist gerade auf dem Weg zum Auto, als wir ankommen. Ich bin froh, dass ich ihn draußen treffe, weil ich echt nicht klingeln und Mr und Mrs Klassen sprechen will. Die sind gerade bestimmt nicht bester Laune.

„Officer McBride!“, rufe ich und renne mit Scott im Schlepptau zum Polizeiwagen. „Können Sie mir irgendetwas zu den Ermittlungen sagen? Ich mache einen Bericht für die Schulnachrichten.“

„Hey, Jen!“ Er begrüßt mich mit einem freundlichen Lächeln. „Ich weiß nicht, wie viel ich dir erzählen darf. Du rufst besser bei uns in der Abteilung an und lässt dich mit unserem Pressesprecher verbinden.“

„Und was wird der mir sagen?“

„Naja, das Übliche. Das Opfer heißt Ted Granville, er war Filialleiter der hiesigen Bank, 43 Jahre alt, Vater von zwei Grundschulkindern. Wir arbeiten mit Hochdruck an dem Fall.“

„Und was heißt das?“, frage ich. „Wie gehen Sie genau vor? Ich hätte gedacht, dass hier alles nur so wimmelt von Polizei, aber Sie sind der Einzige.“

„Je mehr Beamte da sind, desto wahrscheinlicher ist es, dass jemand Spuren verwischt. Ich bin vorbeigefahren, um nach dem Rechten zu sehen, aber drinnen macht ein Ermittler gerade seine Arbeit.“

„Und die wäre?“

„Er fotografiert alles, nimmt Blutspritzer und die Position des Opfers auf, sucht nach Kampfspuren, sammelt Beweise.“

„Gibt es schon Hinweise auf den Mörder?“ Ich halte den Atem an.

„Tut mir leid. Diese Information darf ich nicht an die Presse weitergeben.“

„So unter der Hand?“, frage ich hoffnungsvoll. Ich schaue Scott an, der den Wink versteht, sich abwendet und die Kamera auf das Haus richtet.

„Ich sollte wirklich nicht darüber reden …“, sagt Officer McBride, aber ich höre ein leichtes Zögern heraus.

Ich schalte schnell. „Natürlich bleibt das unter uns. Aber ich schaue mir diese ganzen Krimiserien im Fernsehen an, und es ist so faszinierend, wie die ihre Beweise sammeln.“ War das jetzt zu dick aufgetragen? Ich halte den Atem an.

„Es ist eine Kunst“, nickt Officer McBride.

„Faszinierend. Können Sie mir ein Beispiel geben?“ Meine Wimpern haben in ihrem ganzen Wimpernleben noch nie so schnell geklimpert.

„Also rein hypothetisch?“

„Jaja, natürlich!“, beeile ich mich zu sagen.

„Nun, mal angenommen, wir würden den Teil eines Stiefelabdrucks in den Blutspuren finden, dann könnten wir den Abdruck mit denen in unserer Kartei vergleichen – und so feststellen, dass er von keinem gewöhnlichen Schuh stammt."

„Ehrlich? So ist das hier gewesen? Sie haben einen Abdruck, den man eindeutig zuordnen kann?" Ich versuche mir meine Aufregung nicht anmerken zu lassen.

Officer McBride fühlt sich sichtlich unwohl. „Das war reine Theorie", sagt er. „Und kein Sterbenswörtchen darüber zu niemandem."

„Großes Pfadfinderehrenwort", verspreche ich – was nicht viel bedeutet, denn nach nur drei Wochen bei den Wölflingen hatte ich keine Lust mehr.

Ich schnappe mir Scott und will mich aus dem Staub machen, aber da kommt ein zweiter Beamter aus dem Haus und läuft mit großen Schritten auf uns zu. „Was habt ihr denn hier zu suchen?", fragt er. Er ist groß und breitschultrig, wie man sich einen Bullen so vorstellt. Neben ihm sieht Scott aus wie eine Bohnenstange.

„Wir brauchen nur ein bisschen Filmmaterial für die Schulnachrichten", erkläre ich.

Er beugt sich zu uns vor. „Ich hoffe, ihr habt nichts mit der Sache zu tun."

Wir schütteln beide den Kopf.

„Wehe, ich finde das Gegenteil heraus."

Wir lächeln, als hätte er einen Scherz gemacht, aber er lächelt nicht zurück. Er dreht sich um und marschiert in Richtung von Officer McBrides Auto davon.

„Machtkomplex", lautet Scotts Urteil, als wir aufbrechen.

Zu Hause angekommen, habe ich für heute genug von den Bullen. Trotzdem rufe ich bei der Mordkommission an und die Sekretärin faxt mir die Pressemitteilung in Dads Arbeitszimmer. Ich überfliege sie kurz. Es steht genau das drin, was Officer McBride schon gesagt hat.

Doch bei einem Satz bleibe ich hängen: *Im Moment untersucht die Mordkommission, ob die Tat eventuell von mehreren Personen begangen wurde.*

3. Kapitel

Hier ein paar Eindrücke von meinem höllischen Donnerstag:

8:15 Uhr
Georgias Schwärmerei für Nate ist momentan anscheinend mal wieder aktuell. Ich verstehe zwar nicht, was an einem Eishockeytrikot so attraktiv sein soll, aber sie ist total vernarrt in ihn. Ich versuche mit ihr über den Mord zu sprechen, bevor es zur ersten Stunde gongt, aber sie hört mir gar nicht zu. Sie ist damit beschäftigt, den Gang nach Nate abzusuchen.

„Letzte Woche haben wir zweimal zusammen Mittag gegessen und diese Woche geht er mir total aus dem Weg“, klagt sie.

„Ich verstehe einfach nicht, was du an ihm findest“, sage ich zu ihr. „Jerome sagt, er schluckt Anabolika. Wahrscheinlich kriegt er nicht einmal einen hoch. Kann nämlich eine Nebenwirkung von den Dingern sein.“

„Ach ja, weil du ja so viel Erfahrung hast in solchen Dingen“, zieht sie mich auf.

Der Punkt geht an sie.

Ich glaube, Jerome wird schon bald mehr wollen, und ich weiß immer noch nicht, wie ich dann reagieren soll.

„Ob er ihn nun hoch kriegt oder nicht – du solltest ihm nicht hinterherrennen wie ein Schoßhündchen. Das ist er nicht wert."

„Ich renne ihm nicht hinterher", schmollt Georgia.

„Jaja, wer's glaubt", sage ich und setze meinen Du-kannst-mir-nichts-vormachen-Blick auf.

„Mann, Nate ist einfach jemand, der wenig sagt. Aber wenn er's doch tut, hört ihm jeder zu, weil es wichtig ist."

Das stimmt. Besonders wenn ich daran denke, wie Nate auf der Party das Kommando übernommen hat. Bevor ich Georgia recht geben kann, läuft Nate an uns vorbei. Und schon stehe ich in der Staubwolke, die sie zurücklässt, als sie ihm wie der Blitz hinterherrennt. Vermutlich in freudiger Erwartung seiner nächsten weisen Worte.

8:25 Uhr

Es tut gut, mal ein paar Minuten allein zu sein. Ich war die letzten beiden Nächte lange auf und habe mein Skript für die Sendung geschrieben. Es ist eine Ansammlung von Fakten geworden – das übliche wer, was, wann und wo. Allerdings ist mit „wer“ nur das Opfer und nicht der Täter gemeint.

Ich lasse mich an meiner Spindtür entlang auf den Boden gleiten. Mit jedem Satz, den ich geschrieben habe, ist das Ganze realer geworden: Ein Mann ist gestorben, ist umgebracht worden, ist tot. Die Bauchschmerzen, die ich in der Nacht nach der Party hatte, sind wieder da und gehen nicht mehr weg.

Während der Mord immer realer wird, wird die Schule für mich immer surrealer. Alle quatschen und lachen schon wieder und – siehe Georgia – laufen den Jungs hinterher, als ob nichts passiert wäre.

Ich mache kurz meine Augen zu. Als ich merke, dass jemand über mir steht, öffne ich sie wieder.

„Hallo, Jen.“

Es ist Ross. Seine Haare sind noch nass vom Duschen. Er geht vor mir in die Hocke, sodass meine Beine zwischen seinen Knien sind, und stützt sich über meiner Schulter mit einer Hand an meinem Spind ab. Ich bin praktisch gefangen und er ist so nah an mir dran, dass ich sein Deo riechen kann.

„Krass, was bei Ian passiert ist, oder?", sagt er.

Ich nicke, auch wenn das die Untertreibung des Jahrhunderts ist. Es gongt und langsam verteilen sich alle auf die Klassenzimmer.

„Der arme Ian hat wahrscheinlich Hausarrest bis er vierzig ist", meint er.

Ich lächle pflichtschuldig, aber ich fühle mich ziemlich seltsam. Ross und ich sind zwar befreundet, aber wir reden sonst eigentlich nicht viel miteinander. Er ist mehr Jeromes Freund. Und ich kriege in seiner Nähe gerade keine Luft mehr. „Ich muss los."

„Ganz locker, wir haben noch genug Zeit", sagt er und lehnt sich noch näher zu mir. „Jerome hat mir erzählt, du machst einen Bericht über den Vorfall."

„Für die Schulnachrichten, ja."

„Gibt's da etwas, das ich wissen sollte?", fragt er.

„Kommt darauf an. Bist du die Nachrichtenpolizei? Ein Journalist verrät nie seine Quellen, weißt du", ziehe ich ihn auf. Ross fängt an, mich zu nerven, aber ich mache wirklich nur ein bisschen Spaß.

Er allerdings sieht mich todernst an. „Sagen wir einfach, ich bin ein interessierter Zuschauer."

„Wir bringen nur die offiziellen Fakten von der Polizei. Warst du überhaupt dort? Ich kann mich gar nicht erinnern, dass ich dich nach dem Mord gesehen habe."

Er schüttelt den Kopf. „Bin früh abgehauen. Da war noch so 'ne andere Party."

„Was soll dann die Fragerei?"

„Ich will nur keinen Ärger. Ich muss los." Er steht auf und läuft den Gang hinunter, bis seine langen Beine um die Ecke verschwinden. So viel zu höflichen Umgangsformen.

Es gongt zum letzten Mal und ich sitze immer noch auf dem Flur. Seufzend rapple ich mich auf und mache mich auf den Weg ins Sekretariat, um mir ein Entschuldigungsformular zu holen.

12:00 Uhr

Der Tag wird immer schlimmer. Beim Mittagessen bin ich ganz allein. Georgia verschwindet mit Nate. Jerome sagt, er muss etwas mit Ross besprechen, und haut auch ab. Ich bekomme nicht einmal die Chance, ihm zu erzählen, wie seltsam Ross heute Morgen war.

Mangels Alternativen gehe ich also in die Filmwerkstatt, wo mich Ms Chan fragt, ob wir über meinen Bericht sprechen können. „Er ist gut, Jen. Die Fakten sind alle drin. Aber ich denke, der menschliche Aspekt fehlt: Was hielten Ted Granvilles Nachbarn von ihm? Kannte man ihn gut in Fairfield? Wie wäre es mit ein paar Kommentaren von Partygästen? Ich will nicht sagen, dass es sich nicht lohnt, den Bericht zu senden. Absolut nicht. Aber lass uns nächste Woche noch eine Fortsetzung bringen mit neuen Fakten und auch ein paar Reaktionen der Leute. In Ordnung?"

Ich nicke. Vor allem, damit sie wieder geht. Sie ist klasse, aber der ganze Tag heute steht einfach unter keinem guten Stern.

14:30 Uhr

Ich habe gestern Abend vergessen, meine Lektüre weiterzulesen und versiebe den Test, den uns Mr Johnson über *Macbeth* schreiben lässt. Zu allem Überfluss lässt er mich dann auch noch einen Teil aus dem fünften Akt vorlesen.

Mr Johnson liest den Text eines Arztes, der gerufen wurde, um Lady Macbeth beim Schlafwandeln zu beobachten. Ich soll Lady Macbeths Part übernehmen. Es sieht so aus, als ob sie nach der ganzen Intrigenschmiederei mit ihrem Mann nun doch ein paar Schuldgefühle wegen des Mordes entwickelt. Im Schlaf stolpert sie herum und sieht Blut an ihren Händen. „Fort, verdammter Fleck, fort, sag ich! …" Nach ein paar Minuten komme ich langsam hinein. Ich reibe meine Hände vor der Brust aneinander, als ob sie schlecht riechen würden.

Und genau in dem Moment wird mein Tag so richtig übel: Von einer Sekunde auf die andere bin ich überzeugt davon, dass die ganze Klasse denkt, ich hätte Ted Granville umgebracht. Was natürlich total lächerlich ist. Völlig aus der Luft gegriffen. Die Hälfte weiß nicht einmal, dass ich auf der Party war.

Ich versuche, mich zu beruhigen, aber jemand aus der letzten Reihe hustet und dann sehe ich, wie sich zwei Mädchen in der ersten Reihe ansehen. Ich bin überzeugt davon, dass sie alle dasselbe denken: schuldig.

Ich kriege den Gedanken nicht mehr aus dem Kopf und verhaue den Rest meines Textes. Dann sage ich, dass ich aufs Klo muss, schnappe mir meine Bücher und renne aus dem Klassenzimmer.

Ich bin echt ein Psycho.

15:30 Uhr
Die letzte Durchsage für heute: „Im Sekretariat liegen Nachrichten bereit für … blablabla … Jen Forester … blablabla."

Es ist eine Nachricht von der Schulpsychologin. Ich soll zu ihr ins Büro kommen, wenn ich reden möchte.

16:00 Uhr
Wenigstens hat mir die Psychologin noch die Wahl gelassen. Die Polizei – Officer Wells und der Untersuchungsbeamte, den ich am Tatort gesehen habe – klopft bei uns an, kaum dass ich zu Hause bin. Sie möchten, dass ich mit ihnen aufs Revier komme. Widerspruch zwecklos.

Ich fühle mich wie ein Verbrecher, als ich auf dem Rücksitz des Polizeiautos sitze, mit der Glasscheibe vor mir und den Türen, die man nicht von innen öffnen kann. Wenigstens wurde ich nicht in Handschellen abgeführt. Als wir auf dem Revier ankommen, stecken sie mich in einen kleinen, heruntergekommenen Raum. Mein Dad ist angeblich auf dem Weg hierher.

Nachdem ich ewig gewartet habe, kommen sie alle drei herein. Mein Dad sieht mich besorgt an, aber er drückt meine Hand, als er sich neben mich setzt. Officer Wells sitzt uns gegenüber. Der andere Beamte – er heißt Behnson, wie sich herausstellt – geht auf und ab. Er stellt die Fragen. Nach einer Weile wird mir ganz schwindlig davon, ihm bei seinem Hin- und Hergerenne zuzuschauen, während ich die Fragen beantworte. Ich sage ihm dasselbe, was ich Officer Wells schon bei uns zu Hause gesagt habe. Ich war den ganzen Abend in der Küche. Ich habe Ted Granville nicht hereinkommen sehen. Jerome hat mich nach Hause gefahren.

Als wir alles einmal durch sind, fängt Behnson an, mir die gleichen Fragen noch einmal in umgekehrter Reihenfolge zu stellen. „Nur der Klarheit wegen", sagt er. Aber ich denke, dass er mich damit nur durcheinanderbringen will. Er baut sogar absichtlich Fehler ein.

„Sie waren also fast den ganzen Abend im Wohnzimmer?", fragt er.

„In der Küche", antworte ich.

„Und Ted Granville lag oben?"

„Vermutlich."

„Sie haben ihn nie gesehen?"

„Nein."

„Miss Forester, würde es Sie überraschen, dass andere Zeugen ausgesagt haben, dass Sie zusammen mit ihnen im Schlafzimmer waren, als dort das Opfer gefunden wurde?“

Es überrascht mich wirklich. Sollte es natürlich eigentlich nicht. Natürlich werden alle befragt, die dort waren. Wir hätten uns eine gemeinsame Geschichte überlegen sollen, damit alle dasselbe erzählen. Ich kann nicht nachdenken, wenn mich alle so anstarren. Ich lege einen Moment lang den Kopf auf den Tisch.

„Jen, hast du die Polizei an diesem Abend angelogen?“, fragt jetzt mein Dad.

Ich sehe auf und zucke mit den Schultern. „Ich wusste nicht, was genau passiert war. Ich habe die ganze Geschichte nur so einfach und plausibel wie möglich erzählt. Ich habe nicht gedacht, dass das so eine große Sache wird.“

„Also haben Sie gelogen“, sagt Behnson.

Ich nicke.

„Warum sind Sie nach oben gegangen?“

„Candi kam schreiend herunter. Ich bin mit ein paar anderen hoch, um nachzusehen, was los war.“

„Wer war noch bei Ihnen?“

„Georgia, Jerome, Nate … noch ein paar andere, aber ich weiß nicht mehr genau wer."

„Wo war Ross Reed zu diesem Zeitpunkt?"

„Ich hatte ihn vorher kurz gesehen, aber ich glaube nicht, dass er zu dem Zeitpunkt noch da war."

„Ian Klassen?" Behnson bleibt stehen.

„Er war da, ja."

„Und wo befand sich Ted Granville, als Sie ihn fanden?"

„Auf dem Boden im Schlafzimmer von Ians Eltern. So eher links vom Bett."

„Wer rief die Polizei?", fragt er.

„Das war Ian. Nate hatte ihm gesagt, er soll anrufen."

Mein Dad wird ungeduldig. „Hören Sie, Jen hat es mit der Angst zu tun bekommen und hat gelogen. Aber sie hat ganz sicher nichts mit dem Mord zu tun."

„Nur noch ein paar Fragen, Dr. Forester. Jen, was hat Candi oben gesehen? Was hat sie Ihnen erzählt?"

„Sie hat mir gar nichts erzählt", antworte ich. „Sie hat nur geschrien und dann sind wir auch schon nach oben gerannt."

So geht das noch eine halbe Stunde. Als mein Kopf kurz vorm Explodieren ist, hören sie endlich auf.

„Wir melden uns, wenn wir noch etwas wissen möchten."

Mein Dad geht vor mir aus dem Raum und bespricht dabei etwas mit Officer Wells.

Als ich gerade zur Tür hinaus will, hält mich Officer Behnson am Arm fest. „Sie könnten sich da eine Menge Ärger eingehandelt haben, junge Dame. Sollte ich erfahren, dass Sie schon wieder gelogen haben, werden wir alles dransetzen herauszufinden, wie genau Sie in der Sache mit drinhängen."

Wie betäubt stolpere ich hinaus. Mein Dad sieht einerseits besorgt, andererseits verärgert aus. Aber ich bin zu müde, um ihn zu fragen, ob er auf mich oder auf die Bullen sauer ist. Schweigend fahren wir nach Hause.

4. Kapitel

An meinem Spind bekomme ich den üblichen Guten-Morgen-Kuss von Jerome, aber er will gleich wieder weg.

„Muss los", sagt er. „Ich habe meine Mathehausaufgaben nicht ganz fertig und Nate hat mir versprochen, dass ich die letzten paar Aufgaben vor der ersten Stunde von ihm abschreiben kann."

„Kein Problem", sage ich, obwohl wir uns die ganze Woche kaum gesehen haben. „Heute Abend geht klar?"

Jerome und ich haben ein Dauerdate für Freitagabend. Manchmal gehen wir auf eine Party oder machen etwas mit Ross und Nate und deren ständig wechselnden Tussen (wozu ich Georgia natürlich nicht zähle). Manchmal bleiben wir auch einfach nur bei einem von uns zu Hause und schauen uns Filme an.

„Ach ja, das wollte ich dir noch sagen: Ich kann heute nicht." Jerome ist schon auf dem Weg den Gang hinunter.

„Was?"

„Ich muss los. Tut mir leid. Ich rufe dich am Wochenende an."

„Idiot", murmle ich in mich hinein. Ich drehe mich um, will meinen Spind öffnen und stoße prompt mit Georgia zusammen, die hinter mir steht.

„Idiot", sagt sie zustimmend. „Genau wie Nate."

„Was ist denn jetzt schon wieder los?"

„Ach, es ist immer das Gleiche: Gestern essen wir noch zusammen zu Mittag, heute sagt er, dass er das ganze Wochenende keine Zeit hat und sich nächste Woche meldet."

Wir schütteln beide genervt den Kopf. Männer.

„Georgia, kennst du das, wenn man etwas total Peinliches gemacht hast, dass es einem dann hilft, jedem, den man kennt, davon zu erzählen?", frage ich sie. „Du erzählst jedes noch so bescheuerte Detail, die anderen stimmen zu, dass du ein Vollidiot bist, versichern dir aber, dass sie dich trotzdem gern haben?"

Sie nickt.

„Ich habe dir doch von meinem Lady-Macbeth-Aussetzer am Donnerstag erzählt, aber wem soll ich denn noch davon erzählen? Jerome ist selbst zum Psycho geworden. Jeder andere würde mich wahrscheinlich in die Klapse schicken. Und mein Dad würde mich so schnell zum Seelenklempner fahren, dass du eine Suchmeldung nach mir herausgeben müsstest."

„Da gibt es nur eine Lösung", sagt sie.

„Englisch schwänzen und die Schule komplett sausen lassen?"

„Neeee. Modepolizei. Wir haben zehn Minuten, bis es gongt."

Modepolizei ist ein fieses Spiel. Aber es ist neben einer Shoppingtour der beste Stimmungsaufheller – und in Fairfield gibt es kein Einkaufszentrum. Alles hat angefangen, als Georgia und ich uns in der zehnten Klasse gleich am ersten Tag kennengelernt haben. Sie war ganz offensichtlich neu hier. Zum einen, weil ich seit dem Kindergarten hier zur Schule gehe und sie nicht kannte. Und nicht nur, dass ich alle an der Schule kenne – ich weiß auch alles über sie. Ich weiß, dass Ian Klassen in der Grundschule einmal während der Pause auf die Wippe gepinkelt hat. Ich weiß, dass Nate der jüngste von drei Geschwistern ist und die beiden anderen absolute Genies sind. Ich weiß, wer mit wem verwandt ist und wer wann mit wem zusammen war. So ist das eben, wenn man dreizehn Jahre lang mit denselben Leuten zur Schule geht – man saugt, ob man will oder nicht, ihr ganzes Leben förmlich in sich auf. Ein paar von uns waren sogar schon zusammen in der Vorschule.

Daher wusste ich also, dass Georgia gerade erst hierhergezogen war. Außerdem fiel sie mir auf, weil sie einfach geniale schwarze Lederstiefel trug. Solche, die man in einem Shopping-Radius von fünf Stunden um Fairfield herum garantiert nirgends bekommt. Sie lehnte gerade an dem Spind neben meinem, als ich auf sie zukam. Später stellte sich heraus, dass sie mit Nachnamen Findley hieß und uns das Schicksal also alphabetisch zusammengebracht hatte.

„Tolle Stiefel", sagte ich.

„Danke", sagte sie, „aber ich denke gerade darüber nach, ob ich sie gegen ein Paar von diesen Tretern da drüben eintauschen soll." Sie deutete mit dem Kopf auf einen Typen am anderen Ende des Gangs.

Ich drehte mich um und da stand ein armer kleiner Achtklässer, der offensichtlich mit den abgetragenen Turnschuhen seiner Schwester in die Schule geschickt worden war. Sie waren voller Matsch – vermutlich ein Vertuschungsversuch –, aber sie waren trotzdem unverkennbar hellrosa.

„Autsch“, sagte ich.

„Ruf die Modepolizei. Höchste Alarmstufe“, meinte Georgia.

Und so fing es an. Wie schon gesagt, es ist nicht unbedingt ein besonders nettes Spiel. Sicher konnte der arme Kleine nichts dafür, dass er rosa Schuhe in die Schule anziehen musste.

Heute sieht Georgia aus, als wäre sie gerade der *Cosmopolitan* entsprungen. Sie ist in der Stadt aufgewachsen und wollte nicht hierherziehen, als ihr Dad vor ein paar Jahren versetzt wurde. Diese Tatsache in Verbindung mit dem Baby letztes Jahr – das uns immer noch völlig fertigmacht – hat bei ihrer Mutter irgendwie so viele Schuldgefühle erzeugt, dass sie Georgia ihre Kreditkartennummer fürs Internetshopping gegeben hat. Manche Leute sind einfach von Geburt an Glückskinder. Ich habe mich einmal bei meinem Vater darüber beschwert, dass ich nicht genug Klamotten habe, und er hat mir vorgeschlagen, doch einen Nähkurs zu besuchen. Na toll.

„Alarmstufe rot, Alarmstufe rot!“, flüstert Georgia. Wir lehnen beide möglichst lässig an unseren Spinden. „Schau dir mal das Oberteil von der da drüben an!“

„Sieht aus, als wäre es mal ihr Kinderzimmervorhang gewesen“, kichere ich. „Hey, Alarmstufe gelb bei der ausgewaschenen Jeansjacke. Frühe Achtzigerjahre.“

Nach fünf Minuten fühle ich mich wesentlich besser.

„Wo wir gerade bei Alarmstufe rot sind“, sagt Georgia, „sind dir die Schuhe aufgefallen, die Ross heute anhat?“

„Nein, warum?“

„Er hatte doch diese coolen australischen Lederstiefel, die ihm seine Tante geschickt hat. Weißt du, welche ich meine?“

„Ja, die hat er doch jeden Tag an“, sage ich.

„Nicht mehr. Er trägt jetzt ganz furchtbare Turnschuhe. Ich habe ihn gefragt, was mit den Stiefeln passiert ist, und er hat gesagt, das Leder wäre gerissen.“

Ich nicke, aber dann macht es „klick“ in meinem Kopf.

„Hey, Georgia“, sage ich, als es gongt und wir zu unserem Klassenzimmer gehen, „seit wann sind die Stiefel denn kaputt?“

„Keine Ahnung. Noch nicht so lange“, sagt sie schulterzuckend.

„Kann Leder wirklich reißen?", frage ich mich laut, aber die Morgendurchsage fängt gerade an und Georgia hört mich nicht mehr.

Ich versuche, Jerome vor dem Mittagessen an seinem Spind abzufangen. Er verzieht das Gesicht, als er mich sieht.

„Was denn, kein Kuss?", frage ich.

„Tut mir leid, Jen. Ich muss weg."

„Wir müssen reden."

„Klar. Wir treffen uns mal am Wochenende."

„Wir müssen aber heute miteinander reden."

„Gut. Ruf mich nach der Schule zu Hause an, okay?"

Ich nicke und er macht sich davon, als ob er gerade noch einmal dem Gefängnis entkommen ist.

Dad kommt normalerweise nicht vor fünf von der Arbeit nach Hause. Ich sperre die Haustür auf und gehe als Erstes in die Küche. Dort durchsuche ich den Kühlschrank nach den restlichen Nudeln von gestern.

Dann warte ich eine halbe Stunde, um Jerome Zeit zu geben, nach Hause zu kommen. Während ich warte, werde ich immer wütender. Scheißkerl.

Was glaubt der eigentlich, wer er ist, dass er mich abwimmelt wie irgendein lästiges Klammeräffchen? Er ist schließlich mein Freund. Wenn ich mit ihm reden muss, dann hat er gefälligst Zeit zu haben. Und nicht erst nachdem er freundlicherweise noch einen Termin für mich in seinem Kalender gefunden hat.

Ich rufe ihn um Punkt vier Uhr an. Ich bin mittlerweile so wütend, dass ich meine Zähne zusammenbeißen muss, um normal mit ihm zu reden. Ruhig bleiben, sage ich zu mir selbst. Ganz ruhig. Ganz cool.

„Hallo. Kann ich bitte mit Jerome sprechen?"

„Jen, ich bin dran."

„Oh, tut mir leid. Schau, ich erkenne deine Stimme schon gar nicht mehr."

„Sei nicht albern, Jen."

„Bin ich gar nicht. In der Schule weigerst du dich, mit mir zu sprechen. Ich habe dich die ganze Woche kaum einmal gesehen. Und dann lässt du auch noch unsere Verabredung für heute Abend platzen."

Stille.

„Wenn du Schluss machen willst, musst du es nur sagen."

„Ich will nicht Schluss machen“, sagt er.

„Aber vielleicht ich“, gebe ich zurück und beiße meine Zähne ganz fest zusammen, damit ich nicht weinen muss. Ich werde ganz bestimmt nicht weinen.

„Jen, es tut mir leid. Es hat wirklich nichts mit dir zu tun. Es ist nur so, dass Ross gerade in Schwierigkeiten steckt und er nicht will, dass wir mit jedem darüber reden.“

„Bin ich jeder?“

Wieder Stille.

„Du denkst, ich kann meine Klappe nicht halten und erzähle jedem alles.“

„Nein, das denke ich nicht.“

„Das solltest du auch nicht. Weil ich niemandem irgendetwas erzählt habe. Und dabei gäbe es 'ne Menge Dinge, die ich erzählen könnte. Zum Beispiel das mit den Stiefeln.“

„Was?“ Er hört sich erschrocken an.

„Ich weiß, dass mehrere Leute an der Schlägerei beteiligt waren. Ich weiß, dass einer von ihnen Stiefel mit ungewöhnlichen Abdrücken anhatte. Und ich weiß auch, dass Ross seine Stiefel nach der Party verschwinden ließ.“

„Wer weiß noch davon?“

„Niemand“, antworte ich. „Aber sie werden es bald herauskriegen, vor allem wenn ihr weiter hier herumlauft wie Geheimagenten.“

„Darf ich dich etwas fragen?“, sagt er. „Stell dir vor, du und dein Dad, ihr fahrt nachts in die Stadt und streitet euch. Es ist dunkel, es regnet und er ist abgelenkt. Er fährt über eine rote Ampel. Peng! Ihr prallt gegen ein anderes Auto. Irgendwer, der gerade von der Nachtschicht zurückkommt. Er ist sofort tot. Erzählst du der Polizei, was wirklich passiert ist, oder sagst du, dass es der andere war, der über die rote Ampel gefahren ist?“

„Das habe ich schon mal gehört. Und ich würde der Polizei erzählen, was wirklich passiert ist.“

„Der Typ ist schon tot. Das änderst du nicht mehr, indem du deinen Vater ins Gefängnis bringst. Es war ein Unfall. Und es war zum Teil sogar deine Schuld.“

„Wieso?“, will ich wissen.

„Du hast den Streit angefangen. Du hast ihn abgelenkt.“

„Mein Dad würde nie von mir verlangen, dass ich lüge.“

„Und wenn doch? Wenn er dich darum bitten würde?“, fragt er.

„Das würde er nicht."

Wir schweigen eine Weile. Dann sagt Jerome, dass er los muss.

„Eine Sache noch", sage ich.

„Ja?"

„Ted Granville wurde von mindestens zwei Leuten niedergeschlagen. Wenn Ross einer von ihnen war, dann bleiben nur noch Nate … und du."

Eine endlose Minute lang antwortet er nicht. Dann sagt er: „Hör zu, mein Tag war schon beschissen genug."

„Jerome, betrachte unsere Beziehung als beendet." Damit lege ich auf.

Mein Dad kommt eine Weile später nach Hause und findet mich heulend im Wohnzimmer. Man möchte meinen, dass Ärzten beigebracht wird, wie man mit weinenden Menschen umgeht, aber offenbar ist dem nicht so.

„Tut dir was weh?", fragt er.

„Nein." Schnief.

„Gut", sagt er und klopft mir ein paarmal unbeholfen auf die Schulter.

„Jerome und ich haben Schluss gemacht", erzähle ich ihm.

„Tut mir leid, das zu hören“, sagt er, aber ich weiß genau, dass es ihm nicht leidtut. Nicht richtig jedenfalls.

Ich stürme nach oben und knalle meine Zimmertür hinter mir zu. Ich fühle mich nur unwesentlich besser, also mache ich die Tür wieder auf und schlage sie noch einmal zu. Dann lege ich mich ins Bett und wache vor Samstagmittag nicht mehr auf.

5. Kapitel

Moderator: Guten Tag und willkommen zu einer neuen Ausgabe von *Fair Game*. Unser Topthema heute sind die polizeilichen Ermittlungen im Mordfall Ted Granville.
Szenenwechsel: Die Straße vor Ians Haus.
Ich: Die Polizei von Fairfield vernimmt noch immer Schüler und andere Bürger aus der Gemeinde auf der Suche nach Hinweisen im Mordfall des Bankiers Ted Granville. Bei mir begrüße ich nun Officer Tran.
Tran: Granville starb am Abend des 15. November im Haus von Jane und George Klassen an schweren Kopfverletzungen. Die Klassens befanden sich zum Tatzeitpunkt außerhalb der Stadt. Das Haus war in der Obhut ihres Sohnes Ian, einem Schüler der zwölften Klasse an der Highschool hier in Fairfield.
Ich: Wird die Polizei auch weiterhin mit Hochdruck an dem Fall arbeiten?
Tran: Dieser Fall hat oberste Priorität und wir ermitteln unter Einsatz aller verfügbaren Kräfte.
Ich: Möchten Sie den Schülern der Highschool noch etwas sagen?

Tran: Es war nicht nur eine Person an diesem Verbrechen beteiligt und wir gehen davon aus, dass es Zeugen dafür gibt. Sachdienliche Hinweise sollten unverzüglich der Polizei gemeldet werden. Die Untersuchungskommission hat auch eine eigene Hotline eingerichtet, unter der rund um die Uhr anonyme Hinweise entgegengenommen werden. Informationen darüber hängen in der Schule aus.
Ich: Die Polizei kann also noch keine Tatverdächtigen nennen, es heißt aber, dass mehrere Personen unter Beobachtung stehen.
Moderator: Die Einwohner von Fairfield stehen noch immer unter Schock. Hören Sie nun, was Schüler und Lehrer der Fairfield Highschool zu dem Vorfall sagen.
Szenenwechsel: Das Schulgebäude.
Katy Gill: Es ist absolut schockierend. Ich dachte immer, so etwas passiert nur im Fernsehen oder in Großstädten, aber nicht in einem kleinen Ort wie unserem.
Brent White: Jetzt könnte Fairfield glatt seinen Ruf als langweiligstes Kaff der Welt verlieren.
Konrektor Mr Finn: Ich kann nur hoffen, dass unsere Schüler der Sache den nötigen Ernst bei-

messen und in vollem Umfang mit der Polizei kooperieren.
Jessie Scribes: Blöd gelaufen für diesen Granville, echt.

Das Interview mit der Polizei habe ich am Wochenende fertig gemacht und die Schülerkommentare am Montag nach der Redaktionssitzung gesammelt. Der Bericht wird zusammen mit Scotts Aufnahmen vom Tatort gesendet werden. Er hat eine tolle Kameraeinstellung gewählt: Man sieht das Haus der Klassens von unten, nur als Silhouette gegen die dunklen Wolken. Das wirkt total unheimlich – genau der richtige Ort für einen Mord.

Ms Chan ist zufrieden mit meinem Bericht. Sollte sie auch sein. Ich habe echt lange daran gearbeitet. Schließlich hatte ich ja auch das ganze Wochenende nichts anderes zu tun – außer Trübsal zu blasen. Die gute Georgia kam am Samstagabend vorbei, um mich aufzuheitern. Sie hatte Neuigkeiten: Jerome, Nate, Ross und Ian sind alle dreimal von der Polizei verhört worden. Zuletzt am Freitagnachmittag.

„Das hat Jerome wohl gemeint, als er sagte, er hätte einen echt beschissenen Tag gehabt."

Georgia hatte drei kitschige Liebesfilme ausgeliehen und wir heulten uns durch zwei davon. Zwischendurch versuchte sie, mich aufzubauen: „Was auch immer er getan hat, ich bin sicher, dass es ihm morgen leidtut. Wahrscheinlich wird er morgen anrufen und sich entschuldigen, und alles ist wieder in Ordnung."

„Glaube ich nicht." Ich schüttelte den Kopf. „Es ist alles ein bisschen komplizierter."

Georgia sagte nichts darauf, aber ich merkte, dass sie auf eine Erklärung wartete. Ich wusste, dass ich ihr alles hätte erzählen sollen: wie Jerome mir ausgewichen war, von seinen „Was wäre, wenn …?"-Fragen, von dem Stiefelabdruck und den Beweisen, dass es mehrere Angreifer gewesen waren. Ich öffnete den Mund, um zu einer Erklärung anzusetzen, aber plötzlich schien alles zu kompliziert. Es lief darauf hinaus, dass mein Freund – mein Exfreund – vielleicht ein Mörder war. Das klang so absurd, dass ich es nicht herausbrachte.

Georgia wartete, während mir all diese Gedanken wie Blitze durch den Kopf schossen. Ich war zu müde, um sie irgendwie ordnen zu können.

„Ich kann es dir jetzt nicht erklären", sagte ich schließlich.

Sie wandte sich gekränkt ab.

„Es tut mir leid“, fing ich an, aber sie fiel mir ins Wort: „Nein. Du musst mir nichts erklären, wenn du es noch nicht kannst. Es tut mir leid, dass ich dich gedrängt habe.“

Ich wusste, dass ich sie verletzt hatte. Sie sammelte ihre Sachen zusammen und ging kurz danach.

Ich habe Angst davor, Jerome in der Schule zu begegnen, aber ich sehe ihn den ganzen Tag nur einmal. Er lehnt an seinem Spind und albert mit ein paar Jungs herum. Er sieht aus, als wäre alles wie immer. Dafür würde ich ihm am liebsten eine reinhauen. Aber ich mache stattdessen kehrt und gehe auf einem anderen Weg zu meinem Klassenzimmer. Dann wünsche ich mir, ich hätte doch mit ihm gesprochen.

Ich überlege, ob ich ihn nach der Schule abfangen soll. Ich weiß, das ist bestimmt nicht die Taktik, die die *Cosmopolitan*-Beziehungsexpertin empfiehlt. Leider – oder Gott sei Dank? – hält mich Mr Arthur auf, der gerade aus seinem Klassenzimmer kommt. Er will, dass ich am Mittwochnachmittag an seiner Matheförderstunde teilnehme. „Die Prüfungen vor Weihnachten sind schneller da, als du denkst“, sagt er.

Es ist gerade einmal November. Und ich kann im Moment nicht einmal bis zum Ende der Woche denken, geschweige denn bis zum Ende des Halbjahres. Ich sage ihm, dass ich darüber nachdenken werde. Als er mich gehen lässt, leeren sich die Gänge schon und auch Jerome ist weg.

Draußen wartet mein Dad auf mich. Er sitzt in seinem entsetzlich peinlichen grünen Volvo-Kombi (der seiner Meinung nach „Klasse“ hat) und sucht den Schulhof nach mir ab. Er trägt seine Arbeitsklamotten: eine zerknitterte schwarze Hose und ein Poloshirt. In der Praxis zieht er noch einen Kittel darüber und hängt sich ein Stethoskop um.

„Dad, was machst du denn hier?“, frage ich durch das offene Beifahrerfenster.

„Ein paar Patienten haben abgesagt. Ich wollte dich abholen“, sagt er, als wäre es das normalste der Welt.

„Das letzte Mal, als du mich von der Schule abgeholt hast, war ich acht und es war so kalt, dass ein paar Kinder Frostbeulen bekommen haben, als sie auf den Bus gewartet haben.“

Er grunzt nur. „Steigst du jetzt ein oder nicht?"

So ist das, wenn man das einzige Kind eines alleinerziehenden Elternteils ist. Jeder andere Vater, der unerwartet einen Nachmittag frei hat, würde wahrscheinlich seine Frau anrufen. Bei Dad ist das anders. Er hat meistens nicht einmal eine Freundin. Und dabei ist er eigentlich ein ziemlich guter Fang: Arzt, bezaubernde Tochter (natürlich), großes Haus. Der Zottelteppich gibt Minuspunkte, aber eine neue Freundin hätte sicher Einfluss darauf.

Wir sind schnell draußen aus der Stadt. In ganz Fairfield gibt es nur vier Ampeln, also ist die Staugefahr selbst am Feierabend sehr gering. Wir fahren die Bow Creek Road hinauf. Es liegt kein Schnee, aber die Bäume sind kahl und die Äste sehen zerbrechlich aus, als wären sie steif vor Kälte.

„Dad, wo fahren wir hin?"

„Nur Geduld. Du wirst schon sehen."

Als ich noch ein kleines Kind war, hat er das öfter mit mir gemacht. Wir haben uns irgendwo ein Brathähnchen und eine Limo geholt und sind eine von den alten Alleen außerhalb der Stadt entlanggefahren, bis wir einen Platz zum Picknicken gefunden haben. Aber das haben wir schon seit

Jahren nicht mehr gemacht und in ein paar Stunden wird es auch schon dunkel.

Er parkt das Auto vor einer Einfahrt, die durch ein Tor verschlossen ist. „Komm“, sagt er.

„Dad, da steht: *Durchfahrt verboten*!“

„Seit wann bist du denn so ein Schisser? Wo bleibt denn deine journalistische Spürnase?“, zieht er mich auf und klettert über das Gitter.

„Ich bin kein Schisser“, grummle ich und klettere ihm hinterher. Der Weg endet an einem Wendeplatz, aber Dad läuft weiter auf einem schmalen Pfad durch den Wald. Durch die Bäume höre ich einen Fluss. „Wir sind fast da“, sagt er.

Meine Schritte knirschen auf dem Waldboden und ich beschwere mich über die Äste, die mir ins Gesicht hängen. Nach zwei Minuten stehen wir plötzlich auf einer kleinen Lichtung über einer steilen Böschung.

Mein Dad streckt schützend einen Arm vor mir aus, damit ich nicht hinunterstürze. „Rutsch auf dem Bauch bis zum Rand vor“, sagt er.

Wir legen uns beide auf den Boden und robben nach vorn, wo man hinunter in die Schlucht sehen kann. Unter uns ist ein riesiger Wasserfall. Auf der rechten Seite, wo der Flusslauf langsam enger wird, ist das Wasser ruhig und spiegelglatt. Dann rauscht es über die Klippe und beruhigt sich nicht mehr. Unten sprudelt und schäumt es nur so.

„Das war der Lieblingsplatz deiner Mutter, bevor sie zurück in die Stadt gezogen ist", erzählt Dad und rutscht vom Rand zurück.

„Es ist unglaublich hier", staune ich.

„Sie hat immer gesagt, das sei ein guter Ort, um alle Probleme hinter sich zu lassen."

Das kann ich verstehen. Selbst als ich zu der kleinen Lichtung zurückrobbe, kann ich noch die Gischt des Wassers sehen. Wenn ich die Augen zumache, wird mir ganz schwindlig von dem Rauschen, als würde der Hang jeden Moment nachgeben.

Ich kann verstehen, dass es Dinge gab, denen Mum entkommen wollte. Diese Stadt zum Beispiel, wo jeder alles über dich weiß. Mum ist in der Großstadt aufgewachsen. Ich vermute, das Leben an der Seite eines Arztes in so einem Kaff war einengender, als sie erwartet hatte.

Gesagt hat sie das nie. Wenn ich sie sehe – meist in den Sommerferien oder an Weihnachten – vermeidet sie es, über Fairfield zu sprechen.

„Ich habe mich gestern mit Officer McBride getroffen", sagt Dad.

„Ja?" Ich öffne die Augen und setzte mich auf.

„Nur auf einen Kaffee. Aber er hat den Mord erwähnt."

„Aha." Mehr kriege ich offenbar nicht heraus.

„Sie machen scheinbar keine großen Fortschritte. Es ist nicht einfach, an Informationen zu kommen, sagt er."

„Das habe ich gehört", sage ich zurückhaltend. Ich bin ganz ruhig. Tief einatmen. Vielleicht wäre Yoga etwas für mich.

„Das Interessante daran ist", fährt Dad fort, „er geht davon aus, dass eine ganze Reihe von Leuten genau weiß, was an dem Abend passiert ist. Er hält es sogar für möglich, dass die ganze Highschool weiß, wer Ted Granville umgebracht hat."

„Das ist übertrieben", sage ich.

Dad sieht von einem Blatt auf, das er gerade zerfleddert hat. „Weißt du es denn?", fragt er.

„Ich habe den Mord nicht beobachtet." Ich zucke mit den Schultern. „Ich war unten."

„Ich glaube dir, dass du nicht gesehen hast, wie es passiert ist", sagt Dad. „Aber wir sind hier in einer Kleinstadt. Es ist schwer, ein Geheimnis für sich zu behalten, besonders, wenn man erst siebzehn ist."

„Wenn es jemand gesehen hat, dann würde er es niemals den Bullen erzählen. Sonst wäre er am nächsten Tag wahrscheinlich genauso tot wie Ted Granville", antworte ich.

„Ich bin sicher, dass die Polizei jeden Informanten schützen würde", sagt Dad voller Überzeugung.

„Ja klar. So wie bei der Frau, die letztes Jahr in den Nachrichten war? Sie hatte eine Verfügung gegen ihren Mann erwirkt, er ist bei ihr eingebrochen und hat sie umgebracht."

Dad sieht mich an, als würde ich Unsinn reden. „Wenn du etwas weißt, dann musst du es mir sagen."

Im Schnelldurchlauf jagen mir Bilder und Gedanken durch den Kopf: Ross' Stiefel. Ross, der sich auf dem Gang über mich beugt. Jeromes Schweigen. Jeromes „Ich hatte einen echt beschissenen Tag." Jeromes „Was wäre, wenn dein Dad jemanden umgebracht hätte? Wenn er von dir verlangen würde zu lügen?"

„Nein", sage ich und schaue meinem Dad dabei direkt in die Augen. „Ich weiß nicht, wer es war.

Irgendjemand in der Schule weiß es bestimmt, aber die meisten wissen es nicht, glaube ich. “

6. Kapitel

Georgia hat mir scheinbar verziehen, dass ich ihr nicht erklärt habe, warum ich eigentlich mit Jerome Schluss gemacht habe. Gestern war sie beim Mittagessen zwar noch ein bisschen eingeschnappt, aber heute ist sie wieder wie immer. Ich denke, sie geht fest davon aus, dass ich es ihr irgendwann schon noch erzählen werde.

Wir unterhalten uns gerade auf dem Gang, als uns Scott entgegenkommt. Er nickt Georgia kurz zu, beugt sich dann zu mir herüber und sagt leise: „Es gibt Neuigkeiten. Können wir uns in der Mittagspause treffen? So gegen halb eins in der Filmwerkstatt?"

Ich nicke und es gongt zur ersten Stunde.

Während der Neuntklässler der Woche über die Lautsprecher die Meldungen vorliest, gibt Mr Arthur mir und Georgia einen Zettel. So wie es aussieht, haben wir beide morgen einen Termin bei der Schulpsychologin. Ich verdrehe die Augen und Georgia tut so, als müsse sie sich übergeben.

Um Punkt halb eins bin ich in der Filmwerkstatt und warte auf Scott. Es wird 12:40 Uhr, dann

12:50 Uhr. Als es um eins zur nächsten Stunde gongt, ist Scott immer noch nicht aufgetaucht. Ich sehe ihn auch den ganzen Nachmittag nirgends, aber das ist nicht ungewöhnlich. Ich nehme an, dass er unser Treffen einfach vergessen hat. Ian sehe ich auf dem Gang, er hat ein dickes blaues Auge, aber ich habe keine Zeit, ihn danach zu fragen.

Nach der Schule wartet mein Dad wieder auf dem Parkplatz auf mich.

„Wird das zur neuen Gewohnheit?", scherze ich.

„Scott Rich liegt im Krankenhaus", sagt er ernst.

„Was?" Ich schmeiße meinen Rucksack auf den Rücksitz und springe ins Auto. „Was soll das heißen? Ich habe ihn heute Morgen doch gesehen!"

„Tja, in der Zwischenzeit ist er anscheinend in Schwierigkeiten geraten. Er wurde angegriffen. Ich war auf Visite im Krankenhaus und habe es zufällig mitbekommen. Ich dachte, du willst ihn vielleicht besuchen."

Dad parkt nahe beim Eingang. Kaum gehen wir durch die große Schwingtür, erschlägt mich der Geruch von Desinfektionsmitteln, Urin und frischer Farbe. Ich hasse Krankenhäuser. Das einzige Mal, das ich ins Krankenhaus musste, war in der neunten Klasse, als ich meine Mandeln herausbekam. Seitdem kann ich keinen Wackelpudding mehr sehen. Das Mädchen im Bett neben mir musste sich dauernd übergeben. Sie haben zwar den Vorhang zwischen uns zugemacht, aber ich konnte sie immer noch hören. Uaaah – wie eklig!

Dad spricht erst mit der Schwester, bevor wir hineingehen. Sie sagt, dass Scott so weit okay ist. Er hat ein gebrochenes Handgelenk und eine Gehirnerschütterung, aber nichts, was nicht verheilen wird.

„Bleiben Sie nicht zu lange", bittet sie uns. „Er braucht Ruhe."

Dad bringt mich bis an Scotts Zimmertür, macht dann aber kehrt, um in der Eingangshalle auf mich zu warten.

Als ich die Tür aufmache, möchte ich mich am liebsten gleich wieder umdrehen und gehen. Scotts Augen sind beide tiefblau. Eine Augenbraue ist aufgeplatzt und seine Unterlippe ist geschwollen. Der rechte Arm ist eingegipst.

„Hey", sagt er. Seine Stimme klingt wie die eines schlechten Bauchredners; seine Lippen bewegen sich kaum.

„Ich habe es gerade gehört und bin gleich hergekommen. Tut es sehr weh?", sage ich mitfühlend.

„Ich habe ziemlich viel Schmerzmittel geschluckt."

Ich setze mich auf die Bettkante, sodass er nicht laut sprechen muss. „Um vollere Lippen zu kriegen, hättest du es ja erst einmal mit Kollagenspritzen versuchen können."

Er versucht zu lächeln, zuckt aber zusammen.

„Was ist passiert?", frage ich.

„Ach, nichts Besonderes. War nur ein eifersüchtiger Exfreund von einem Mädchen, mit dem ich mich treffe."

„Ein Mädchen, mit dem du dich triffst? Ich dachte, du bist schwer verliebt in mich." Ich mache nur Spaß, aber auf seine ganz eigene, intellektuelle Art ist Scott eigentlich wirklich ziemlich süß.

Scott lacht nicht über meinen Witz, also ändere ich meine Taktik: „Hast du das den Bullen erzählt? Dass ein wütender Exfreund dich zusammengeschlagen hat?"

Er nickt. Man sieht, dass sogar das wehtut.

„Lügner. Du hast mir gesagt, du hast etwas Neues herausgefunden."

Er sagt nichts.

Ich werde konkreter: „Hat Ross das getan? Jerome? Nate?“

„Jen, misch dich da nicht ein.“

„Es geht nicht nur um dich“, sage ich. „Ich hänge da auch schon mit drin.“

Er schließt einen Moment lang die Augen. „Ich bin selbst schuld. Ich war nicht vorsichtig genug.“

„Es ist nicht deine Schuld.“

„Nachdem er mich zusammengeschlagen hatte, dachte ich, ich werde bewusstlos. Er hat sich zu mir heruntergebeugt und geflüstert: ‚Schweigen ist Gold.‘ Es war echt unheimlich.“

„Wer hat das gesagt, Scott?“

„Na, rate mal“, sagt er.

Wir sitzen ein paar Minuten schweigend da, aber er nimmt meine Hand, als ich aufstehen und gehen will. „Jen?“

„Ja?“ Ich sehe ihm an, dass er gerade dabei ist, eine Entscheidung zu treffen.

Scott ist mehr so der altmodische Typ, der an der Kreuzung den Arm schützend vor einen hält, bis er glaubt, dass es auch wirklich sicher ist hinüberzugehen. Doch diesmal entscheidet er sich fürs Risiko.

„Ich habe in der Filmwerkstatt etwas hinterlegt“, sagt er.

Mein Dad runzelt seine buschigen Augenbrauen, als ich ihn in der Eingangshalle finde.

„Es war ein eifersüchtiger Exfreund von einem Mädchen, mit dem er sich trifft“, erzähle ich ihm.

„Dafür kann er den Burschen verklagen“, sagt Dad.

„Das weiß er“, erwidere ich.

7. Kapitel

Folgende Dinge befinden sich am Donnerstagmorgen in meinem Spind: sieben Heftumschläge, ein Apfel, leicht lädiert, ein Notfalltäschchen mit einer Bürste, Kaugummis, zwei Tampons und einer Schachtel Aspirin, ein superpeinliches Bild von einem männlichen Model, auf dem Jeromes Kopf klebt (das war Georgia – und ich habe es einfach so gelassen), außerdem ein paar Videokassetten mit den letzten *Fair-Game*-Sendungen. Darauf liegt ein zusammengefaltetes Stück rotes Papier. Jemand muss es durch die Ritzen in der Tür geschoben haben. Mit dickem schwarzen Stift steht darauf geschrieben: *Schweigen ist Gold.*

Ich lasse das Papier fallen. Dann hebe ich es schnell wieder auf, als könnte es meinen Spind verseuchen.

Okay. Denk wie eine Journalistin. Ich setze meinen Rucksack ab und wühle nach den Keksen, die ich heute Morgen eingesteckt habe. Ich nehme sie aus der Verpackung, lege die Kekse in den Rucksack zurück, schüttle die restlichen Krümel aus der Kekstüte und stecke den Zettel hinein. Als er sicher verstaut ist, stehe ich auf. In dem Moment merke ich, dass Georgia neben mir steht. Sie hält einen roten Zettel zwischen Zeige- und Mittelfinger, als wäre er verseucht.

„Tu das weg", zische ich.

„Was bedeutet das alles?"

„Komm mit." Ich ziehe sie ins noch leere Klassenzimmer. Ich schließe die Tür und wir setzen uns einander gegenüber auf einen Tisch.

„Georgia, du darfst niemandem auch nur ein Sterbenswörtchen davon erzählen. Nicht einmal Nate. Niemandem. Verstanden?"

Sie nickt feierlich.

„Auch beim Essen heute nicht. Selbst dann nicht, wenn andere auch solche Zettel gekriegt haben."

„Auch wenn ich wollte, könnte ich gar nicht. Der Termin bei der Schulpsychologin, du erinnerst dich? Meiner ist um zwölf und deiner um halb eins."

Mist. Das habe ich vergessen.

Im Schnelldurchlauf erzähle ich ihr alles, was passiert ist – dass Scott zusammengeschlagen wurde, wie Ross mich auf dem Gang ausgefragt hat, warum ich mit Jerome Schluss gemacht habe. Es tut gut, sich alles von der Seele zu reden.

Georgia wirkt nicht sonderlich überrascht von alledem. „Ich muss dir auch ein Geheimnis verraten“, sagt sie.

„Echt?“

„Erinnerst du dich noch an Rocky, diesen Typ, der letztes Jahr zusammengeschlagen wurde?“

Ich nicke. Rocky ist ein paar Jahre älter als wir, aber er hängt immer noch auf vielen Teenie-Partys herum. Letztes Jahr wurde er so böse zusammengeschlagen, dass er eine Woche im Krankenhaus lag. Jeder hat ihm gesagt, er soll den Täter anzeigen, aber er wollte niemandem erzählen, wer es war. Er sagte, es sei ein Missverständnis gewesen, keine große Sache.

„Das war Ross“, sagt Georgia.

„Woher weißt du das?“, frage ich verblüfft.

„Von Nate. Er meint, Ross kriegt das mit den Anabolika, die er schluckt, nicht auf die Reihe. Er ist sowieso schon ziemlich jähzornig – und wenn ihm dann auch noch einer blöd kommt, verliert er schnell die Kontrolle.“

„Widerlich. Warum nimmt er dann überhaupt dieses Zeug?“

Georgia zuckt mit den Schultern. „Vermutlich, um mehr Muskeln zu kriegen.“

„Nimmt Nate sowas auch?“

Sie zuckt noch einmal mit den Schultern.

Plötzlich fällt mir noch etwas ein, das ich Georgia nicht erzählt habe: die Sache mit den Stiefelabdrücken. Sie macht große Augen, als sie davon hört. „Du meinst, es könnten Abdrücke von Ross' Stiefeln sein?“

Ich nicke.

„Und du denkst, dass Jerome oder Nate da mit drinhängen?“

Ich kann nur noch einmal kurz nicken, dann ist unser Gespräch beendet: Es gongt, die Tür zum Klassenzimmer fliegt auf und alle strömen herein.

Es wird ein langer, langweiliger Vormittag mit Mathe und Erdkunde. Englisch ist ein bisschen interessanter. Jemand hält ein Referat über die Hexen aus *Macbeth* und über ihre raffinierten und mehrdeutigen Prophezeiungen.

Und was noch viel interessanter ist: Georgia erzählt mir nach der Stunde, dass alle, die an jenem Abend auf Ians Party waren, einen Termin bei der Schulpsychologin haben.

„Warum erst jetzt?“, flüstere ich. „Warum nicht schon letzte Woche?“

Sie verdreht die Augen. „Vielleicht, weil Mrs Bing keine Lust hatte, sich mit echten Problemen zu beschäftigen?“

Mrs Bing ist schon seit ewigen Zeiten Schulpsychologin bei uns. Ich sehe sie immer nur bei den Schulversammlungen. Dann labert sie meistens über irgendein Problem an der Schule, das ihr ganz urplötzlich aufgefallen ist – Alkohol zum Beispiel. Letztes Jahr war die Hölle los, als ein Mädchen aus der Neunten im Unterricht zusammengebrochen ist. Mrs Bing war fest davon überzeugt, das Mädchen sei magersüchtig, und stopfte ihr gleich haufenweise Kekse in den Mund. Das arme Mädchen hatte Glück, dass sie daran nicht erstickt ist. Es stellte sich heraus, dass sie Unterzucker hatte.

Als ich um halb eins zu meinem Termin erscheine, bin ich gar nicht begeistert davon, dass ich heute die zweite Hälfte unserer Redaktionssitzung verpasse. Im Büro der Schulpsychologin gibt es keinen Schreibtisch. Vier riesige Chefsessel stehen um einen niedrigen Tisch herum. Ideal für ein Lehrer-Eltern-Gespräch.

Mrs Bing ist gerade damit beschäftigt, Buchstaben für irgendeinen Aushang am Schwarzen

Brett auszuschneiden. Ihre kleinen, grauen Löckchen kleben an ihrem Kopf und ihre Brille ist auf ihrer Nase ganz nach vorn gerutscht.

Sie deutet einladend auf einen Stuhl. „Vermutlich fragst du dich, warum ich dich hierher bestellt habe, Jen."

„Ich denke, es hat mit dem Mord zu tun", antworte ich.

Sie legt die Schere weg und sieht mich an, als würde sie gerade überlegen, ob ich ein schwieriger Fall werde oder nicht. Ich lasse ihr keine Zeit, zu einer Entscheidung zu gelangen. „Wenn Sie sich solche Sorgen machen, warum haben Sie uns dann nicht alle herbestellt, nachdem es passiert ist? Der Mord ist doch schon fast zwei Wochen her."

Mrs Bing beugt sich vor. „Ich werde ganz ehrlich sein, Jen."

Wie mich das nervt. Ich hasse es, wenn Leute in jedem Satz meinen Namen sagen – als würden wir dadurch die besten Freunde.

„Die Polizei hat die Schule gebeten, in der Sache noch aktiver zu werden. Zum einen glauben sie, dass einige Schüler Zeugen des Mordes geworden sind, und mit denen würden sie gerne sprechen. Zum anderen vermuten sie, dass es hier zu Fällen von Mobbing unter den Schülern gekommen ist, und das wollen wir doch nicht, Jen."

„Nein, Mrs Bing. Das wollen wir nicht." Ich muss an den Zettel denken, den jemand in meinen Spind gesteckt hat, und eine Sekunde lang überlege ich, ob ich ihn ihr zeigen soll.

Doch dann fällt mir wieder ein, was für eine Dumpfbacke Mrs Bing ist. Innerhalb kürzester Zeit wird die ganze Schule nur noch über die „Fälle von Mobbing" sprechen. Und sie wird jedem erzählen, wie gut sie alles im Griff hat, und jeder wird erfahren, dass ich es war, die den Zettel hergezeigt hat.

„Dann lass uns weitermachen." Mrs Bing stellt mir Fragen über die Party und die Leute dort, sie fragt, wo ich nach der Feier hingegangen bin. Das ganze Gespräch ist einfach nur eine Zeitlupenversion des Polizeiverhörs, allerdings mit mehr Betonung auf diesen gefühlsduseligen „Wie-geht's-dir-dabei?"-Aspekten.

Am Ende habe ich ihr nichts Neues erzählt. Sie wirkt ein bisschen niedergeschlagen, als ich gehe. Ich könnte ihr jetzt schon sagen, dass auch die restlichen Termine reine Zeitverschwendung sein werden.

Nach der ganzen Fragerei (von Mrs Bing) und der ganzen Ausweicherei (von mir) habe ich keine Zeit mehr, in der Filmwerkstatt vorbeizuschauen. Erst nach der Schule komme ich dazu. Jemand hat gerade Filmmaterial bearbeitet und das Licht ist aus. Nur die kleinen Ritzen in den heruntergelassenen Rollos lassen ein wenig Licht in den Raum.

Hinter dem Tisch mit dem Bildbearbeitungsmaterial und den Computermonitoren steht ein Aktenschrank mit vier Schubladen. Auf der obersten steht Scotts Name. Ganz oben auf dem Stapel mit den Notizen von letzter Woche liegt ein Band. Ich sehe mich um. Alle Redakteure haben am Anfang des Schuljahres eine Einführung in die technischen Gerätschaften bekommen, aber ich habe seitdem nicht mehr damit gearbeitet. Ich konzentriere mich lieber auf die Interviews und überlasse das ganze Technikzeug den anderen. Zum Glück finde ich einen Videorekorder, der direkt an einen der Monitore angeschlossen ist. Ich hoffe, dass ich nicht aus Versehen irgendetwas lösche und drücke auf „Play". Das Basketballspiel von letzter Woche. Stop. Zurückspulen. Neuer Versuch.

„Lass es das richtige sein. Lass es bitte, bitte das richtige sein", flüstere ich und drücke noch einmal auf „Play". Bingo.

Zuerst ist alles ein bisschen verschwommen, aber dann wird das Bild schärfer. Die Kameraeinstellung ist großartig. Scott hat exakt das richtige Verhältnis von Licht und Schatten um die drei Personen herum getroffen und der Betonbau hinter ihnen hat genau das richtige Weiß. Im Vordergrund sieht man die Ecke eines Gebäudes, als ob Scott sich dahinter versteckt.

Er zoomt heran und jetzt kann man auch mehr erkennen. Ross drückt Ian gegen die Schulmauer, in seinen Augen pure Gewalt. Nate beugt sich über Ian, droht mit den Fäusten, sagt irgendetwas. Ian hat ein Stück Isolierband über dem Mund kleben. Noch hat er kein blaues Auge. Er sieht panisch aus. Ganz offensichtlich hat niemand Scott bemerkt.

„Was ist passiert? Haben sie dich doch noch entdeckt? War Jerome auch dabei?" Ich bin direkt von der Schule zum Krankenhaus gelaufen. Ich habe so viele Fragen, dass ich dem armen Scott kaum Gelegenheit gebe, etwas zu sagen. Aber er sieht auf jeden Fall schon wieder besser aus. Seine Augen sind nicht mehr so geschwollen.

„Sie haben keine Ahnung, dass ich sie gefilmt habe. Ich bin in die Schule zurückgerannt und habe das Band versteckt, dann bin ich zurück, um Ian zu helfen. Als ich wiederkam, hatte er schon ein blaues Auge, vielleicht auch ein paar gebrochene Rippen. Aber er ist so weit okay."

„Du hättest Hilfe holen sollen."

Er nickt. „Ich dachte, wenn es so aussieht, als käme ich zufällig vorbei, lässt Ross ihn in Ruhe." Er zuckt mit den Schultern. „Hat er aber nicht. Ross dachte wohl, ich wüsste, worüber sie geredet haben. Ich hätte mich nicht einmischen sollen."

„Vielleicht hat Ian damit gedroht, sie zu verraten", sage ich.

„Meinst du, ich hätte der Polizei davon erzählen sollen?", fragt Scott.

„Keine Ahnung. Und wenn sie dir nicht geglaubt hätten? Und wenn Ross herausgefunden hätte, was du ihnen erzählt hast? Dann wärst du jetzt wahrscheinlich tot."

„Ich muss immer wieder an diesen Ermittler denken", sagt er. „Der große in Ians Haus, als wir das erste Mal dort waren, weißt du noch? Er sah aus, als würde er nur allzu gerne glauben, dass wir schuldig sind, nur weil wir zufällig im richtigen Alter sind."

„Erinnere mich bloß nicht an den." Ich erzähle Scott von Officer Behnsons Drohung im Befragungszimmer.

Da ich Scott auch nicht sagen kann, was er jetzt am besten tun soll, gibt es nicht viel, worüber wir reden können. Ich bleibe noch eine Weile bei ihm sitzen und bringe ihm dann ein paar Zeitschriften aus der Eingangshalle.

Als ich nach Hause komme, ist es fast sieben. Mein Dad wartet schon auf mich, voller Sorge.

8. Kapitel

Lady Macbeth ist zum Kotzen. Es ist Sonntagabend, es ist schon spät und ich habe das ganze Wochenende überhaupt nichts gemacht. Jetzt liege ich mit meinen Englischbüchern im Bett. Gott sei Dank ist mein Referat erst am Freitag; ich komme einfach nicht weiter.

Ich soll mich zehn Minuten lang über die Stärken von Lady Macbeth auslassen. Ich lese ihren Text immer wieder und ich finde, dass sie eindeutig mehr Schwächen als Stärken hat.

Zuerst plant sie einen Mord. Zugegeben, dazu braucht man Mut. Aber dann hat sie solche Schuldgefühle, dass sie die ganze Nacht schlafwandelnd im Schloss herumirrt und sich dabei eingebildetes Blut von den Händen reibt. Und dann stirbt sie auch noch vor der entscheidenden Schlacht. Was soll das denn bitte für eine Stärke sein? Sie hat doch das ganze Schlamassel erst ins Rollen gebracht. Sie hätte vorher irgendetwas tun sollen.

Ich sollte auch etwas tun. Ich werfe die Englischbücher aus dem Bett, nehme mir ein weißes Blatt Papier und schreibe:

Gründe, zur Polizei zu gehen:
– Wenn ich es nicht tue, kommt ein Mörder einfach davon.
– Es gibt Leute, die es verdienen, die Wahrheit zu erfahren – Ted Granvilles Frau zum Beispiel.
– Ich habe Beweise: Ross' verschwundene Stiefel und Scotts Videokassette.
– Ross sollte nicht länger Leute einschüchtern, sie zusammenschlagen oder Zettel in ihren Spinden hinterlassen.

Ich streiche die ersten beiden Gründe wieder durch. Sie klingen mir zu sehr nach Gutmensch. Aber aus den letzten beiden Gründen will ich tatsächlich zur Polizei gehen.

Gründe, auf keinen Fall zur Polizei zu gehen:
– Ich muss Dad doch noch sagen, dass ich ihn angelogen habe, als ich sagte, dass ich gar nichts weiß.
– Jemand könnte mich bei der Polizei sehen. Es würde sich herumsprechen, dass ich zu den Bullen gegangen bin.
– Jerome könnte noch mehr Schwierigkeiten bekommen.

– *Ich werde mitansehen müssen, wie die Bullen sich grinsend selbst beglückwünschen, weil sie wussten, dass ich etwas mit der Sache zu tun hatte.*

Mein Fazit: Ich leide unter Verfolgungswahn. Glaube ich wirklich, dass sie einen Spitzel vor der Polizeistation postiert haben? Das hier ist schließlich kein Horrorfilm.

Außerdem scheine ich Jerome immer noch in Liebe verfallen zu sein. Ich streiche die ganze Liste durch und schreibe in verschiedenen Farben über das ganze Blatt: *Du bist ein Freak. Du bist ein Freak. Du bist ein Freak.*

Und hier schließt sich der Kreis wieder. Ich sollte etwas tun. Aber was? Ich mache das Licht aus, lege mich auf den Rücken und denke nach. Dann drehe ich mich auf den Bauch und denke weiter nach. Dann auf die Seite. Es dauert lange, bis ich einschlafen kann.

Wie war das noch gleich mit der Kunst, Weisheit im Schlaf zu erlangen? Bevor ich gestern Abend endlich eingeschlafen bin, hatte ich absolut keine Ahnung, was ich tun soll, aber heute Morgen weiß ich ganz genau, was zu tun ist. Ich muss nur noch Scott davon überzeugen. Und natürlich wäre es auch hilfreich, ihn irgendwie aus dem Krankenhaus zu kriegen. Auf dem Weg zur Schule feile ich an meinem Plan. Dort angekommen, habe ich ein zufriedenes Lächeln im Gesicht.

Dann sehe ich Jerome, der im Gang auf mich wartet, und das Lächeln rutscht mir vom Gesicht wie öliges Make-up.

Tief einatmen.

„Hey", sagt er. Ich warte, aber mehr will er scheinbar gar nicht sagen. Er steht nur an meinem Spind und schaut mich an.

„Kann ich dir irgendwie helfen?"

„Nein. Naja, doch", sagt er mit einem dämlichen Grinsen. „Ich vermisse dich."

Habe ich eigentlich schon erwähnt, wie gut Jerome aussieht?

Das ist beinahe das Ende all meiner Pläne für eine gerechtere Welt. Meine Überlegungen von heute Morgen sehe ich den Gang entlang davonwatscheln wie eine ganze Mannschaft frisch geschlüpfter Küken. Wie konnte ich nur irgendetwas in Erwägung ziehen, was Jerome in Schwierigkeiten bringen könnte? Außerdem würde er ja niemals irgendetwas Falsches tun.

Gerade als ich ihm sagen will, dass ich ihn auch vermisse, kommt Ian mit seinem geschundenen Gesicht an uns vorbei.

Als ich Jerome wieder ansehe, frage ich mich, ob sein Verhalten mich vielleicht nur ruhigstellen soll. Womöglich versöhne ich mich gerade mit einem Mörder.

Aus meinem „Ich vermisse dich auch" wird ein „Ich muss los". Ich verziehe mich an den einzig vernünftigen Ort: die Mädchentoilette. Georgia sieht mich und kommt hinterher.

„Ich halte das nicht mehr aus!", schluchze ich.

„Du hast nur einen schlechten Tag", versucht sie mich zu trösten.

„Das ist nicht einfach nur ein schlechter Tag! Ich habe soeben Jeromes Versöhnungsangebot abgelehnt und dann habe ich auch noch meinen liebsten Nicht-Lover-Freund im Krankenhaus besucht."

„Jungs sind einfach bescheuert", ist alles, was Georgia dazu einfällt.

Als es gongt, sehe ich total verheult aus. Wir schwänzen beide die erste Stunde und ich muss Georgia versprechen, dass ich mittags mit ihr zu *Willie's Chicken* gehe.

Ein vor Fett triefendes halbes Hähnchen und einen Schokomilchshake später fühle ich mich schon wieder ein bisschen besser und nachmittags schaffe ich es sogar, auf dem Gang gelassen an Jerome vorbeizulaufen.

Wegen der ganzen hysterischen Heulerei komme ich gar nicht dazu, meinen Plan umzusetzen. Erst in der letzten Stunde denke ich überhaupt erst wieder daran. Englisch. Heute hält jemand ein Referat über die Rolle der Prophezeiungen in dem Stück. Der Plan von Macbeth und Lady Macbeth geht nicht auf und alles sieht nach einer Niederlage aus. Den Schluss von Shakespearestücken muss man einfach mögen – viel Blut und Ehre. Ich klinke mich aus und konzentriere mich auf die Frage, wie ich Scott dazu bringen kann, mir zu helfen.

Kaum ist die Stunde aus, schaue ich schnell in der Filmwerkstatt vorbei. Dann mache ich mich auf den Weg ins Krankenhaus.

„Scott", sage ich, noch bevor ich richtig im Zimmer bin, „ich weiß, dass dir das jetzt nicht besonders gefallen wird, aber …"

„Wird Zeit, dass du kommst", unterbricht er mich. „Wir müssen etwas unternehmen."

„Was?“ Ich bin verblüfft.

„Ich wusste, dass du nicht begeistert sein würdest, deshalb habe ich den ganzen Nachmittag darüber nachgedacht, wie ich dich überzeugen kann.“

„Überzeugen – wovon?“

„Wir müssen einen Sonderbeitrag über das Ganze für die nächste Sendung machen.“

„Aber genau das wollte ich auch vorschlagen!“, rufe ich.

„Was?“

Offensichtlich haben wir ein kleines Kommunikationsproblem. Als wir dann endlich dazu kommen, uns gegenseitig in aller Ruhe zuzuhören, stellt sich heraus, dass wir beide fast genau dieselbe Idee hatten.

„Aber ich dachte, du wolltest dich nicht weiter einmischen“, sage ich.

„Wollte ich auch nicht. Aber je länger ich hier herumliege und nichts anderes zu tun habe als nachzudenken, desto wütender werde ich. Wer hat Ross eigentlich zum Alleinherrscher erklärt? Wer gibt ihm das Recht, sich so aufzuführen? Entweder wir machen diesen Beitrag oder ich knöpfe ihn mir selbst vor.“

„Wow. Ich dachte immer, du wärst eher so der passive Typ“, sage ich.

„Ja“, nickt er grinsend. „Wahrscheinlich entscheiden wir uns doch lieber für den Beitrag.“

Zehn Minuten später habe ich die Kamera auf einem Stativ montiert und halte das Mikro an sein Krankenhausbett.

„Mr Rich“, beginne ich und klinge dabei unheimlich professionell, „Sie sagen, dass Sie von zwei Schülern der Fairfield Highschool zusammengeschlagen wurden?“

„Ja, von Ross Reed und Nate Schultz“, antwortet Scott.

„Und der Grund für diesen Übergriff?“

„Ich habe gesehen, wie sie einen anderen Schüler bedroht und zusammengeschlagen haben – Ian Klassen.“

„Stehen diese Vorfälle Ihrer Meinung nach in Verbindung mit dem Mord an dem Bankfilialleiter Ted Granville?“

Wir machen noch zehn Minuten so weiter. Wir hätten noch viel länger filmen können, aber dann steht plötzlich jemand in der Tür: Georgia.

„Was machst du denn hier? Alles okay mit dir?“, frage ich überrascht. Ausnahmsweise sieht

Georgia nicht so aus, als ob sie gerade einer Modezeitschrift entsprungen wäre. Ihr Gesicht ist ganz blass und ihre Augen sind gerötet. Sie sieht aus, als ob sie sich gleich übergeben müsste. Stattdessen schmeißt sie eine Plastiktüte auf Scotts Bett.

„Was ist das?“, fragt er.

„Die Stiefel.“

Ich bin schockiert und bringe keinen Ton heraus. Scott dagegen sieht einfach nur verwirrt aus, und mir fällt ein, dass ich ihm nie erzählt habe, was mir Officer McBride über den Stiefelabdruck verraten hat.

„Wo hast du die her?“, frage ich.

„Ich war letzte Woche bei Nate und wir haben, naja, ein bisschen rumgemacht. Auf dem Weg ins Bad bin ich aus Versehen in der Abstellkammer gelandet. Die Stiefel lagen auf einem Haufen alter Sachen. Sie sind mir nur aufgefallen, weil ich wusste, dass sie Ross gehören. Ich dachte, dass er sie dort vergessen haben muss.“

„Und wie bist du an sie rangekommen?“

„Nachdem du mir erzählt hast, was die Bullen gesagt haben, …“

„Was haben die Bullen gesagt?“, fragt Scott. Wir ignorieren ihn einfach.

„… habe ich heute Nachmittag geschwänzt und bin zu Nate nach Hause gegangen“, erzählt Georgia. „In der Garage hat er einen Schlüssel versteckt. Ich bin einfach rein und habe sie mir geschnappt.“

„Das war ganz schön mutig“, sagt Scott anerkennend. „Aber warum sind die Stiefel überhaupt so wichtig?“

Schließlich weihen wir ihn ein. Dann umarme ich Georgia und sie muss mir versprechen, vorsichtig zu sein. Mehr Zeit, mir Sorgen um sie zu machen, habe ich nicht. Scott wird morgen entlassen und er wird unsere Aufnahme überarbeiten. Ich werde inzwischen die Stiefel filmen und mir einen Text überlegen, der ihre Bedeutung klarmacht. Ich muss auch noch einen Polizisten über den Fortgang der Ermittlungen interviewen.

Donnerstagmittag sind wir fertig. Scott hat es sogar noch geschafft, ein Telefonat mit Ian aufzunehmen. Darin gibt Ian praktisch zu, dass er gesehen hat, wie Granville zusammengeschlagen wurde.

Jetzt müssen wir es nur noch schaffen, dass das Ganze gesendet wird. Ms Chan wird das nie zulassen, wenn sie es vorher nicht gesehen hat. Wir beschließen, dass wir die Kassette mit dem *Fair-Game*-Beitrag für morgen (Thema: „Wenn Teenager rauchen“) einfach mit unserem Band vertauschen werden. Ms Chan bringt die Aufnahme donnerstagabends zum Sender; also müssen wir die Kassetten gleich nach der Schule austauschen.

„Bist du bereit?“, fragt Scott, als wir uns an meinem Spind treffen.

„Bereit.“ Ich stecke die Kassette in meinen Ordner und presse ihn fest an mich. Scott und ich gehen nebeneinander zur Filmwerkstatt. Keiner von uns sagt ein Wort. Ich atme nicht einmal, aber das fällt mir erst auf, als wir in der Werkstatt ankommen. Es ist keiner da. Dann fühlt es sich so an, als würde mein Körper wieder anfangen zu arbeiten. Ich merke, wie mir das Adrenalin durch die Adern strömt.

„Wo ist das Raucher-Tape?“, frage ich.

„Sie legt die Kassette normalerweise hier auf den Schrank.“ Scott schiebt ein paar Blätter Papier zur Seite und findet die Kassette.

„Gut, gib her. Und hier ist unser Sonderbeitrag.“

„Unser was?“ Ms Chan steht plötzlich hinter uns. Scott fährt herum. Ich erschrecke so sehr, dass ich aufschreie – und damit ist jede Chance auf eine Ausrede gestorben.

Ms Chan sieht strenger aus, als ich sie je gesehen habe. „Würdet ihr mir bitte erklären, was hier vor sich geht?“ Sie schaut zuerst mich an, dann Scott.

„Naja …“, stottere ich. „Es ist …“

Scott zuckt mit den Schultern. „Sie können sich auch einfach das Band ansehen.“

9. Kapitel

Wir lassen die Rollos herunter und Scott legt die Kassette ein. Ms Chan sieht immer noch stinksauer aus, aber sie setzt sich hin.

Scott hat beim Schneiden ganze Arbeit geleistet. Der Film ist klasse geworden. Er beginnt mit unserem Interview im Krankenhaus. Dann, während unsere Stimmen noch zu hören sind, wird übergeblendet zur nächsten Szene. Man sieht, wie Ian vor der Schule zusammengeschlagen wird. Es folgt mein Interview mit der Polizei und eine Aufnahme von Ross' Stiefeln. Dann hört man Scotts Telefonat mit Ian und sieht dabei einige beklemmende Bilder vom Tatort.

„Warst du ein Augenzeuge des Mordes?", fragt mein Film-Ich den Film-Scott zum Schluss.

„Nein", sagt er. „Du?"

Dann sieht er direkt in die Kamera. „Und du?" Schnitt.

Ms Chan sagt während des gesamten Films kein Wort. Wir starren sie im Halbdunkeln an und warten auf ihre Reaktion.

„Der Direktor muss das sehen", sagt sie schließlich entschieden.

„Nein!“, schreien Scott und ich gleichzeitig.

„Ms Chan“, fährt Scott ruhiger fort, „wenn es nicht alle gleichzeitig sehen, und zwar wirklich alle, stecken Jen und ich ganz schön in der Scheiße.“

„Und wenn es gar nicht gesendet wird?“, frage ich panisch. „Und wenn es der Direktor zur Polizei bringt und Ross das herausfindet?“

Sie sagt wieder nichts, dann nickt sie. „Ich muss kurz telefonieren“, sagt sie schließlich. Als sie unsere zweifelnden Blicke sieht, fügt sie hinzu: „Ich verspreche, dass ich keinen von euch beiden in Gefahr bringen werde. Bleibt hier. Ich brauche nicht lange.“

Als Ms Chan weg ist, ziehe ich die Rollos auf, damit Licht aus dem Klassenzimmer hereinkommt. Scott und ich lassen uns auf die Sessel sinken.

Ich bin die Erste, die etwas sagt: „Scott?“

„Ja?“

„Wir wissen doch, dass es Ross war, der Ted Granville niedergeschlagen hat, oder?“

„Ja.“ Er nickt.

„Und wir wissen, dass er es nicht allein war.“

„Ja.“ Wieder ein Nicken.

„Glaubst du, die andere Person war Nate oder … Jerome?“ Kaum habe ich die Frage gestellt, möchte ich die Antwort eigentlich schon gar nicht mehr wissen.

Scott antwortet ohnehin nicht. Er deutet in Richtung Tür und sagt: „Ich schätze, du kannst ihn selbst fragen.“

Jerome.

„Ich habe dich überall gesucht“, sagt er, als er hereinkommt. „Und ich bin nicht der Einzige. Komm, wir müssen gehen.“

„Ich gehe nirgendwo mit dir hin“, entgegne ich.

„Hör zu, sie wissen, dass du irgendetwas vorhast. Und sie haben auch eine ziemlich genaue Vorstellung davon, was es ist.“

Scott und ich setzen uns aufrecht hin. „Wer? Und was wissen sie?“

„Ross und Nate. Ian hat euch beim Filmen vor seinem Haus gesehen und hat es ihnen erzählt. Und er hat ihnen von deinem Anruf erzählt“, sagt er und schaut dabei Scott an.

„Warum sollte er ihnen davon erzählen?“, fragt Scott.

„Vermutlich weil er Angst hat. Aber jetzt kommt, wir müssen weg. Hier sind wir drei nicht sicher.“

„Zu spät", sage ich.

Ross kommt gerade zur Tür herein. „Jerome", sagt er. „Mach, dass du wegkommst."

„Mach dich nicht unglücklich", sagt Jerome.

„Aus dem Weg."

Jerome bleibt, wo er ist. „Komm, Ross. Lass uns einfach gehen. Sonst sieht uns noch jemand."

„Gute Idee", sagt Ross und sieht dabei nur Scott und mich an. „Gehen wir, und dann werde ich mir überlegen, was ich mit euch beiden mache."

„Ich gehe nirgendwohin", sage ich noch einmal.

„Ich allein gegen euch drei", sagt Ross. Ganz ruhig nimmt er ein Messer aus seiner Jackentasche. „Ich sagte, wir gehen."

„Verdammte Scheiße", murmelt Scott.

„Du könntest von der Schule fliegen!", presse ich hervor. Was rede ich da nur für einen Mist? Von der Schule zu fliegen ist sicher Ross' geringste Sorge.

Plötzlich entdecke ich Ms Chan in der Tür. Ihr bleibt vor Schreck der Mund offen stehen. Dann ist sie weg. Habe ich sie mir nur eingebildet? Ich blicke zu Ross und Jerome. Sie haben nichts bemerkt.

„Steht auf", fordert uns Ross auf. „Hebt den Krempel auf und nehmt ihn mit."

Wir machen genau, was er sagt. Ich nehme die Kassette und Scott nimmt die Videokamera.

„Ganz ruhig", sagt Jerome beschwichtigend.

„Das ist nicht der richtige Zeitpunkt, die Seiten zu wechseln", zischt Ross. Plötzlich richtet er das Messer auf Jerome. Es ist ein Jagdmesser und es ist so nah an meinem Gesicht, dass ich die Klinge aufblitzen sehe. Alles läuft wie in Zeitlupe ab. Tausend verschiedene Gedanken rasen mir durch den Kopf. Ich habe noch nie jemanden ein Messer ziehen sehen. Im Fernsehen vielleicht. Aber das ist nicht das Gleiche. Ganz und gar nicht. Wenigstens ist es keine Schusswaffe. Genau in solchen Situationen machen sich Leute in die Hose. Das wäre peinlich. Wenn ich überhaupt lange genug lebe, dass es mir noch peinlich sein kann. Wo wird uns Ross hinbringen, wenn wir jetzt gehen?

Eine Sekunde lang denke ich, ich bilde mir das Geräusch nur ein, aber dann dreht auch Ross leicht den Kopf und lauscht. In der Ferne ist eine Polizeisirene zu hören. Wie lange sind wir jetzt schon hier – Sekunden oder Minuten? Hat Ms Chan die Polizei gerufen?

Ich zittere. Die Kassette gleitet mir aus der Hand und landet mit einem lauten Knall auf dem Boden.

Ross erschrickt und richtet das Messer auf mich.

„Entschuldigung, Entschuldigung", stammle ich und taste auf dem Boden nach der Kassette, ohne dabei die Augen von Ross zu wenden. Ich bin zu langsam – Ross packt mich am Handgelenk und zieht mich hoch. Jerome und Scott kommen beide einen Schritt auf uns zu.

„Zurück", befiehlt Ross mit zusammengebissenen Zähnen. Jerome macht sofort einen Schritt zurück. Scott zögert, aber Ross geht auf ihn zu, sodass auch er zurückweicht.

„Wir gehen", knurrt Ross. „Los jetzt. Ihr beide geht voraus und Jen und ich bleiben hinter euch. Auf geht's."

„Polizei!", dröhnt eine tiefe Stimme von draußen.

Ross dreht sich um. In dem Moment reißt Scott die Kamera nach oben und schmeißt sie nach ihm. Nicht besonders kräftig – schließlich hat Scott einen lädierten Arm. Aber doch kräftig genug, um Ross aus dem Gleichgewicht zu bringen. Dann wirft sich Jerome auf ihn und drückt ihn zu Boden. Scott gibt mir einen Schubs, ich stolpere durch die Tür ins Klassenzimmer – und sehe Waffen, Polizisten und Waffen.

Große Hände packen mich an den Schultern und schieben mich weiter.

„Bringt die beiden raus!“, schreit jemand.

Die beiden. Scott muss also auch rausgekommen sein. Officer Wells steht im Flur. Ms Chan steht neben ihm, völlig panisch. Sie muss die Polizei gerufen haben. Wahrscheinlich war es ohnehin die Polizei, die sie anrufen wollte, als sie das erste Mal rausging. Ich wäre darüber furchtbar wütend, wenn ich nicht gerade so froh wäre, die beiden zu sehen.

Ich drehe mich um und sehe gerade noch, wie Jerome von Ross ablässt und sich langsam aufrichtet. Er steht ganz ruhig da, mit halb erhobenen Händen wie in einem alten Western. Ein Polizist steht vor ihm, ein anderer hat neben der Tür Stellung bezogen.

Ross wirkt völlig unbeeindruckt. Er rappelt sich hoch und wird zur Hälfte von Jerome verdeckt. Ross mustert den Polizisten vor sich abschätzig und hebt den Arm mit dem Messer. Es sieht so aus, als ob er das Messer nach dem Polizisten werfen und sich gleichzeitig Jerome schnappen möchte.

Dann fällt ein Schuss.

Sofort packt uns Officer Wells und schiebt uns nach draußen. Er rennt fast und ich stolpere neben ihm her. Auf dem Rasen vor dem Gebäude lässt er uns los und ich falle beinahe hin. Dann muss ich mich übergeben. Direkt vor der Schule. Ich denke noch, dass das nur unwesentlich weniger peinlich ist, als mir in die Hose zu machen. Erst dann begreife ich, dass Jerome tot sein könnte.

10. Kapitel

Ich liege auf unserem hässlichen Sofa, eingerollt in eine Decke, neben mir eine Schüssel Chips und die Fernbedienung. Ich müsste eigentlich in der Schule sein, aber Dad sagt, dass er die nächsten Tage keinen Stress in meinem Leben dulden wird. Er meint, dass es mir zwar körperlich gut gehen mag, meine Seele aber zur Ruhe kommen müsse.

Nicht dass ich hier wirklich viel Ruhe hätte. Dauernd klingelt das Telefon. Als Letztes hat Jerome angerufen. „Es tut mir leid, dass ich dich da mit hineingezogen habe", sagte er, fast noch vor einer Begrüßung.

„Du hast mich da nicht hineingezogen. Wir hingen alle von dem Moment an mit drin, als wir an dem Abend auf der Party aufgetaucht sind."

„Vielleicht."

„Ich bin froh, dass du nicht erschossen wurdest."

„Du hast gedacht, ich wäre tot?"

„Ich hatte keine Ahnung, was passiert ist, bis wir bei der Polizei waren. Ich musste Officer Wells alles genau erklären, bevor er mir endlich erzählt hat, was noch alles in der Schule passiert ist."

„Ross hat das Messer nach oben gehalten. Ich weiß nicht, was er sich dabei gedacht hat. Sie haben ihm in die Schulter geschossen“, erklärte Jerome.

„Gut gezielt. Ich vermute, du bist auch nicht wegen Mordes verhaftet worden?“, fragte ich.

„Sie könnten mich immer noch wegen Verschwörung oder so anklagen. Aber das ist schon in Ordnung. Ich bin einfach nur froh, dass es vorbei ist. Und Jen …“ Er hielt inne. Dann sagte er: „Ich will mich nicht mehr mit dir streiten.“

Dazu sagte ich nichts. Stattdessen fragte ich ihn: „Hast du gesehen, wie sie Ted Granville zusammengeschlagen haben?“

„Ja, größtenteils.“

„Kannst du mir erklären, wie es so weit kommen konnte? Warum keiner sie aufgehalten hat?“

„Zuerst sah es nicht nach einer großen Sache aus. Granville war nicht unbedingt der Typ, mit dem sich Ross normalerweise anlegen würde, aber er hat Ross echt dumm angemacht. Ians Eltern müssen Granville wohl gebeten haben, nach dem Haus zu sehen, während sie weg sind. Er kam die Treppe hoch und hat sich aufgeführt, als würde ihm das Haus gehören, als er Ian, Nate, Ross und mich oben entdeckt hat. Er hat uns gesagt, wir sollen verschwinden. Ross hatte getrunken. Auch nicht mehr als alle anderen, aber du weißt ja, wie er ist, wenn der Alkohol und die Anabolika so richtig reinhauen und ihm dann noch jemand blöd kommt … Er hat gesagt, dass er auf keinen Fall verschwindet. Und wer ihn denn bitteschön dazu bringen soll. Dann ist die Sache eskaliert. Ross hat den Typ geschubst, der hat zurückgeschubst, dann hat Ross ihm eine verpasst. Und dann hat sich auch noch Nate eingemischt. Ian hat sich gleich verzogen, er wollte, dass es so aussieht, als ob er nie dabei gewesen wäre."

„Und was hast du gemacht?", fragte ich.

„Naja, zuerst habe ich sie noch angefeuert. Ich habe nicht mitgemacht, aber der Typ war echt ein Idiot. Ich dachte, er kriegt, was er verdient. Dann ist alles außer Kontrolle geraten. Granville lag auf dem Boden und hat sich nicht mehr gewehrt. Ross und Nate haben immer noch nach ihm getreten. Ich habe sie angeschrien, dass sie aufhören sollen, aber sie haben nicht auf mich gehört. Irgendwann habe ich Ross dann weggezogen und endlich hat auch Nate aufgehört. Es wirkte, als ob er gar nicht checken würde, was er gerade gemacht hat."

„Wo sind sie dann hin? Ich habe Ross gar nicht gehen sehen."

„Ross sagte sofort, dass er verschwinden müsse. Er wusste, dass er als Erster verdächtigt würde. Er ist aus dem Fenster geklettert und abgehauen. Nate und ich haben uns dann unter die anderen Partygäste gemischt, als wäre nichts passiert."

„Warum habt ihr nicht die Polizei gerufen? Oder einen Krankenwagen? Was, wenn er noch gelebt hat?", fragte ich.

Jerome seufzte. „Ich fürchte, so weit haben wir gar nicht gedacht. Unser einziger Plan war, geschockt auszusehen, wenn Granville gefunden wird. Es hat sowieso nur ein paar Minuten gedauert. Candi hat ihn gleich gesehen, als sie hochkam."

Eine Minute lang sagte keiner von uns beiden etwas. Nur das leise Summen der Telefonverbindung war zu hören. Dann flüsterte Jerome: „Ist bei uns denn alles okay? Alles wieder in Ordnung?"

Ich musste fast lachen. Glaubte er wirklich, dass alles wieder wie vorher werden konnte?

„Das glaube ich kaum, Jerome. Aber ich bin froh, dass dir nichts passiert ist."

„Ich war es nicht, Jen. Und ich brauche dich jetzt."

„Mach's gut, okay?" Das war schwach, sehr schwach, ich weiß. Aber ich konnte einfach nicht mehr mit ihm reden. Ich habe aufgelegt, bevor er irgendetwas darauf sagen konnte. Das Telefon klingelte gleich danach noch einmal, aber ich habe Dad zugerufen, dass er nicht abnehmen soll.

Dad geht nicht zur Arbeit, was eine absolute Seltenheit ist. Ich kann mich nicht daran erinnern, dass er überhaupt jemals zuvor seine Termine abgesagt hätte. Er sitzt am Esszimmertisch und liest medizinische Fachzeitschriften mit einem Textmarker in der Hand. Ab und zu schaut er zu mir herüber, als wolle er sich versichern, dass ich noch da bin.

„Schau mich nicht so an!", sage ich schließlich. „Du machst mir Angst."

Er seufzt. „Ich bin froh, dass dir nichts passiert ist."

„Mir geht es gut."

„Du hättest mit mir reden sollen, das weißt du. Du hättest es mir erzählen können. Was du getan hast, war gefährlich."

„Und wenn du mir nicht geglaubt hättest?", frage ich.

Er steht auf und kommt herüber zur Couch. „Ich hätte dir geglaubt. Das verspreche ich dir – ich hätte dir geglaubt."

„Na gut", sage ich und grinse ihn an. „Das nächste Mal."

„Es wird hoffentlich kein nächstes Mal geben, Madame."

Unser weichgespültes Vater-Tochter-Gesäusel wird von der Klingel unterbrochen. Noch bevor wir die Tür öffnen können, kommen Scott und Georgia schon herein, knöpfen ihre Jacken auf und nehmen ihre Schals ab.

„Es ist saukalt draußen!", sagt Georgia extralaut, um alles möglichst normal wirken zu lassen. „Heute Abend soll es sogar schneien."

Scott sagt zuerst gar nichts. Er sieht ziemlich unentschlossen aus, als ob er nicht recht weiß, ob er mich berühren soll oder nicht.

Mein Dad hat offenbar bemerkt, wie wir uns anschauen. In einem plötzlichen Anfall von Diplomatie verabschiedet er sich Richtung Küche: „Warum hole ich uns nicht etwas zu trinken? Georgia, hilfst du mir vielleicht?"

„Haben sie Nate verhaftet?", frage ich Scott, kaum dass sie zur Tür draußen sind.

Er nickt. „Sie haben Ross gestern ins Krankenhaus gebracht, aber vor seinem Zimmer steht ein Polizist. Nate haben sie zu Hause festgenommen."

„Hast du der Polizei Ross' Stiefel gegeben?"

Er nickt wieder. „Ich weiß nicht, ob sie etwas damit anfangen konnten. Sie rücken keine Informationen heraus. In den Nachrichten haben sie gesagt, dass zwei Verdächtige in Untersuchungshaft sitzen. Sie dürfen nicht einmal die Namen nennen."

Ich höre, wie sich Georgia und mein Dad in der Küche unterhalten. Sie scheinen ins Gespräch vertieft zu sein und uns komplett vergessen zu haben. Wahrscheinlich reden sie über mich.

Scott sitzt auf der Couchlehne und nimmt meine Hand. Er spielt einen Moment lang damit, ohne mich dabei anzusehen. „Jetzt, wo Jerome kein Mörder ist, seid ihr da wieder zusammen?", fragt er.

„Ein Mörder ist er nicht, nein", sage ich bitter. „Aber er hatte es nicht gerade eilig, einen Krankenwagen zu rufen, oder? Er hat dabei zugesehen, wie jemand gestorben ist. Er hat einfach dagestanden und den Mann verbluten lassen."

Scott antwortet nicht. Ich folge seinem Blick. Dad und Georgia stehen in der Tür, in ihren Gesichtern spiegeln sich Betroffenheit und Empörung. Es ist fast so, als hätten wir alle zu verdrängen versucht, was wirklich passiert ist. Jetzt kommt es plötzlich hoch und wir sehen den Boden, die Leiche und das Blut vor uns.

Scott lässt meine Hand los.

Mein Kopf fühlt sich wieder schwer an und mein Dad räuspert sich. „Wir brauchen alle ein bisschen Zeit“, sagt er, ganz der erfahrene Herr Doktor. „Vielleicht kommt ihr lieber in ein paar Tagen noch einmal vorbei?“

„Ich ruf dich an“, sagt Scott mit fragendem Blick, als er in der Tür steht.

„Das wäre schön. Aber lass es uns langsam angehen, okay?“, sage ich sanft.

Georgia umarmt mich. „Das hast du gut gemacht“, sagt sie.

„Ja, das hast du gut gemacht“, wiederholt mein Dad, als die Tür hinter ihnen ins Schloss fällt. „Dir ist aber klar, dass du für den Rest deines Lebens Hausarrest hast?“ Wenigstens lächelt er, als er das sagt.

Leseprobe aus:

Vicki Grant, Gefährlicher Freund

Schulausgabe erschienen im
Hase und Igel Verlag, Garching b. München
ISBN 978-3-86760-099-6
Begleitmaterial für Lehrkräfte
ISBN 978-3-86760-399-7

Mir blieb keine Zeit für eine Antwort. Ich sah ein Auto auf den Parkplatz einbiegen, einen 1985er Impala. Das hatte mir gerade noch gefehlt: von Leo mit Devin erwischt zu werden.

„Das ist mein Freund“, sagte ich. Ich muss total blass geworden sein.

„Alles in Ordnung mit dir?“, fragte Devin.

Ich sah aus dem Fenster. Gott sei Dank hatte Leo wieder Schwierigkeiten mit dem ersten Gang. Das gab mir ein paar Sekunden mehr Zeit, um zu überlegen, was ich tun sollte.

„Ja, mir geht es gut“, log ich. Mir ging es ganz und gar nicht gut. Ich hörte, wie der Motor ausging. Voller Panik rief ich: „Er darf dich nicht sehen!“

„Warum?“, fragte Devin.

Ich schubste ihn. „Du musst gehen!“ Ich hatte keine Zeit, es ihm zu erklären. Es spielte aber auch keine Rolle.

Devin strahlte mich plötzlich an, als würden wir ein großes Geheimnis teilen. „Ah, ich verstehe."

Die Autotür schlug zu.

„Das Toilettenfenster!", flüsterte ich. „Steig durch das Toilettenfenster!"

Devin zwinkerte mir zu und versteckte sich hinter einem Regal. Die Tür ging auf. Ich stopfte die Pastellkreiden unter die Theke und tat so, als würde ich die Lottoscheine glattziehen.

Ich weiß nicht, wie Leo Devin übersehen konnte, aber er tat es. Er lief direkt an dem Regal vorbei und tippte kurz auf die Klingel neben der Kasse. Ich sah auf. Er versuchte ein Lächeln. Meine Knie wurden ganz weich.

„Hey", sagte er. Er stand mit dem Rücken zum Laden. Er konnte nicht sehen, dass Devin aufgestanden war und mir zuwinkte. Ich hätte den Typ umbringen können.

„Du bist also gekommen", sagte ich. Ich wollte gar nicht so kühl klingen. Ich konnte nichts dagegen tun. Ich hatte Angst.

„Ich komme immer", sagte Leo. „Ich bin ein Idiot, aber ich komme immer."

Ich drehte mich weg. Es muss so ausgesehen haben, als wäre ich noch sauer. Dabei wollte ich eigentlich nur Devin ein Zeichen geben, er solle verschwinden, solange Leo nicht hinschaute.

Leo seufzte. Ich konnte sehen, wie er innerlich zusammensackte. „Hör zu“, sagte er. „Ich kann verstehen, wenn du mich nicht sehen willst. Ich gebe es ja zu: Ich bin ein Trottel. Ein Idiot. Ich hab mich wie ein Zweijähriger benommen. Ich bin eifersüchtig. Ich habe nicht genug Selbstvertrauen. Aber, hey, ich bin ein Mann. Manchmal kriege ich es einfach nicht hin, dir zu sagen, dass …“ Er holte Luft. „Dass ich, naja, Angst habe, weißt du. Ich will nicht, dass du gehst. Ich will nicht, dass du uns aufgibst. Aber ich weiß, das wirst du, wenn ich mich weiter so benehme wie gestern.“ Leo hob die Hände. „Ich weiß nicht, was ich noch sagen soll! Es tut mir leid, Frances.“

Da wusste ich, wie schlecht er sich fühlte. Er nennt mich sonst immer Frank.

Ich sah, wie sich Devin im Hintergrund über ihn lustig machte. Er rieb sich die Augen, als würde er weinen, und schluchzte stumm „buhuu, buhuuu“. Wenn Leo ihn jetzt so sähe, würde er mir das niemals verzeihen.